CLINIQUE MAYO

L'HYPERTENSION ARTÉRIELLE

Prévention & Traitement

Sheldon G. Sheps, M.D.

Révision scientifique de la version francaise
Philippe L.-L'Allier, M D
Cardiologue, Institut de

Lavoie ⅌ Broquet

151-A, boul. de Mortagne,
Boucherville, Qc, CAN. J4B 6G4
Tél.: (450) 449-5531 / Télécopieur (fax): (450) 449-5532
Courrier électronique: info@broquet.qc.ca

Données de catalogage avant publication (Canada)

Vedette principale au titre :

L'hypertension artérielle : prévention & traitement

Traduction de : Mayo Clinic on High Blood Pressure.
Comprend un index.

ISBN 2-922552-01-02

1. Hypertension artérielle. I. Mayo Clinic. II. Titre.

RC685.H8M3914 1999   616.1'32   C99-941599-9

Traduction : Francine Labelle
Révision et adaptation : Andrée Lavoie, inf., B. Sc., M. Ed.
Révision scientifique de la version francaise :
      Philippe L.-L'Allier, M.D., F.R.C.P.C.
Infographie : Antoine Broquet

Imprimé au Canada

Titre original :
Mayo Clinic on High Blood Pressure.
Publié par Mayo Clinic
Copyright © 1999 Mayo Foundation for Medical Education and
Research.
All rights reserved.

Pour l'édition en langue française :
Lavoie Broquet inc.
Dépôt légal Ottawa 1999 — Bibliothèque nationale du Québec
4e trimestre 1999

ISBN 2-922552-01-2

Équipe éditoriale

Éditeur en chef
Sheldon G. Sheps, M.D.

Éditeur
N. Nicole Spelhaug

Administrateur
Karen R. Wallevand

Recherchiste
Brian M. Laing

Collaborateurs
Anne Christiansen
R. R. Martin
Stephen M. Miller
Susan Wichmann

Production éditoriale
LeAnn M. Stee

Directeur artistique
Daniel J. Brevick

Infographiste
Kathryn K. Shepel

Illustration médicale
John V. Hagen
Michael A. King

Adjoints à l'éditeur
Roberta J. Schwartz
Renée Van Vleet
Shalon L. Wadleigh

Secrétariat
Kathleen K. Iverson

Auteur de l'index
Larry Harrison

Réviseurs et Collaborateurs

Tammy F. Adams, R.N.
Kay M. Eberman, L.P.
Sharonne N. Hayes, M.D.
Donald D. Hensrud, M.D.
John E. Hodgson, L.P.
Ingeborg A. Hunder, R. N.
Richard D. Hurt, M.D.
Todd M. Johnson, R.Ph.
Thomas M. Kastner, M.D.

Ann Koranda, R.N.
Teresa K. Kubas, R.D.
Bruce Z. Morgenstern, M.D.
Carla Morrey, R.N.
Michael A. Morrey, Ph.D.
Jennifer K. Nelson, R.D.
John G. O'Meara, R.Ph.
Sandra J. Taler, M.D.

Préface

L'hypertension artérielle est un problème de santé universel.

Au Canada, aux États-Unis, ou en Europe, plus d'un adulte sur quatre fait de l'hypertension. Cette maladie «silencieuse» présente peu de symptômes, mais demeure une des pathologies dont le taux de morbidité et de mortalité est très élevé. Grâce à de sérieuses recherches scientifiques et cliniques, les quinze dernières années ont fait énormément avancer les connaissances concernant l'hypertension artérielle.

L'hypertension demeure un problème grave, mais si vous comprenez bien le processus de cette maladie, vous pouvez la prévenir et surtout la contrôler avec succès par des changements dans vos habitudes de vie et par une médication appropriée. Les médicaments antihypertenseurs constituent l'une des gloires de la médecine moderne; ils sont très efficaces et présentent peu ou pas d'effets secondaires.

Dans ce livre, vous trouverez l'essentiel de l'information concernant les changements à apporter à vos habitudes de vie, les bases nécessaires à une bonne compréhension de la médication, et l'importance d'un suivi médical régulier.

Complément aux conseils de votre médecin personnel, cet excellent ouvrage de la prestigieuse Clinique Mayo peut vous aider à vivre longtemps et en très bonne forme physique.

Voici une source d'information exacte, récente et complète que je recommande hautement.

Philippe L.-L'Allier

Table des matières

Chapitre 1

Compréhension de l'hypertension

C omme de nombreuses personnes, vous avez peut-être une pression artérielle trop élevée. La situation vous inquiète et c'est pourquoi vous entreprenez la lecture de ce livre. Malheureusement, plusieurs pensent que l'hypertension n'a pas une très grande importance. Cependant, sachez que l'hypertension est une des principales causes d'invalidité ou de décès résultant d'un accident vasculaire cérébral, d'une crise cardiaque, d'une insuffisance cardiaque ou d'une insuffisance rénale. C'est également la maladie chronique la plus répandue. On estime qu'environ un adulte sur quatre souffre d'hypertension, soit environ le quart de la population, et que chaque année, des millions de nouveaux cas sont diagnostiqués.

Malgré cela, on n'accorde pas à l'hypertension toute l'attention qu'elle requiert. Presque le tiers des personnes souffrant d'hypertension ignorent leur état, surtout parce qu'elles n'éprouvent aucun symptôme avant que la maladie ait atteint un stade avancé.

Environ seulement la moitié des personnes atteintes et conscientes de leur condition sont traitées. Moins nombreux sont les gens qui contrôlent leur hypertension: environ seulement le quart d'entre eux.

Mais il est permis d'espérer. L'hypertension n'est pas nécessairement invalidante ou mortelle. C'est une condition facile à dépister, et une fois connue, vous pouvez agir de façon à baisser votre pression artérielle à un niveau sécuritaire. Les deux principales méthodes utilisées pour traiter l'hypertension sont de saines habitudes de vie et une médication appropriée.

Vous pouvez vivre longtemps et bien avec une pression artérielle élevée. Cependant, vous devez le vouloir et contrôler votre pression artérielle. Que votre hypertension ait été diagnostiquée dernièrement, que vous en souffriez depuis plusieurs années ou que vous désiriez tout simplement la prévenir, ce livre peut parfaire vos connaissances sur la maladie. Vous découvrirez de quelle façon votre train-train quotidien affecte votre pression artérielle et comment changer vos mauvaises habitudes pour un comportement plus sain.

Connaissances essentielles

Afin de mieux contrôler votre pression artérielle, vous devez acquérir quelques connaissances essentielles sur son rôle, sur les organes et les systèmes qui contribuent à la régulariser. Cet acquis vous aidera à comprendre comment l'hypertension se développe et pourquoi elle est potentiellement dangereuse.

Le système cardiovasculaire

L'explication de la pression artérielle passe d'abord par celle du système cardiovasculaire, le mécanisme de la circulation sanguine dans le cœur et les vaisseaux sanguins (voir l'illustration ci-contre).

À chaque battement du cœur, un flux de sang est expulsé de la principale chambre de pompage du cœur, le ventricule gauche, dans un réseau complexe de vaisseaux sanguins parcourant tout le corps.

Les artères sont les vaisseaux qui transportent le sang riche en oxygène et en substances nutritives, du cœur vers les organes et tissus du corps. L'artère la plus grosse rattachée au ventricule gauche, l'aorte, est le principal canal emprunté par le sang lorsqu'il quitte le cœur. L'aorte se ramifie en artères plus petites qui, à leur tour, se ramifient en artères encore plus petites, les artérioles.

Les organes et les tissus du corps sont parcourus de vaisseaux sanguins microscopiques, appelés capillaires. C'est par les capillaires que se fait l'échange entre l'oxygène et les substances nutritives du sang et le bioxyde de carbone et autres déchets produits par les cellules. Après cet échange, le sang appauvri ou «usé» retourne au cœur par un système de vaisseaux sanguins appelés veines.

Lorsqu'il arrive au cœur, le sang des veines est dirigé vers les poumons, où il se libère du bioxyde de carbone et refait le plein d'oxygène. Ce sang fraîchement oxygéné revient au cœur, prêt à entreprendre une nouvelle tournée. Quant aux autres déchets, ils sont retirés lorsque le sang passe dans les reins où il est filtré.

Pour faire fonctionner ce système et permettre aux 5 à 7 litres de sang de circuler constamment dans le corps, une certaine pression est requise. La pression artérielle est la force exercée sur les parois des artères pendant que le sang se déplace. Cette force contribue à ce que le sang circule sans problème dans les artères.

La pression artérielle est souvent comparée à la pression existant à l'intérieur d'un boyau d'arrosage. Sans une force quelconque pour la pousser, l'eau ne peut couler d'un bout à l'autre du boyau.

Les facteurs de contrôle de la pression artérielle

Plusieurs facteurs aident à contrôler la pression artérielle et à l'empêcher de trop grimper ou de trop chuter. Ils comprennent trois principaux organes: le cœur, les artères et les reins.

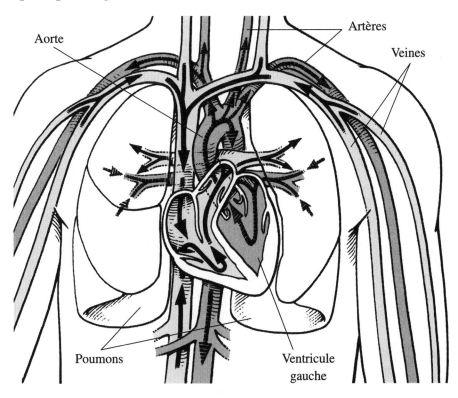

Chaque fois que le cœur bat, le sang est expulsé du côté gauche du cœur (ventricule gauche) dans le gros vaisseau (aorte) qui transporte le sang aux artères. Le sang revient au cœur par les veines. Avant de circuler de nouveau, le sang provenant des veines est dirigé dans les poumons où il refait le plein d'oxygène frais.

Le cœur. Lorsque le cœur expulse du sang dans l'artère principale, l'aorte, une certaine force est créée par l'action de pompage du muscle cardiaque. Plus le cœur doit travailler fort pour expulser le sang, plus grande est la force exercée sur les artères.

Les artères. Afin d'accommoder le flot de sang venant du cœur, les artères sont tapissées de muscles lisses leur permettant de se dilater et de se contracter pendant que le sang circule. Plus les artères sont «élastiques», moins elles résistent au flux sanguin et plus faible est la force exercée sur leurs parois. Lorsque les artères perdent leur élasticité ou lorsqu'elles rétrécissent, leur résistance au flux sanguin augmente et une force additionnelle est nécessaire pour pousser le sang dans les vaisseaux.

Les reins. Les reins régularisent la quantité de sodium que contient le corps et le volume d'eau qui y circule. Le sodium retient l'eau. En conséquence, plus le corps contient de sodium, plus le sang contient d'eau. Ce liquide excédentaire peut augmenter la pression artérielle. De plus, trop de sodium peut causer un rétrécissement des vaisseaux sanguins.

Les autres facteurs. Le système nerveux central et plusieurs hormones et enzymes influent aussi sur la pression artérielle. À l'intérieur des parois du cœur et de plusieurs vaisseaux sanguins, se trouvent des structures nodulaires, appelées barorécepteurs. Ces structures fonctionnent un peu comme le thermostat de votre maison. Les barorécepteurs contrôlent continuellement la pression du sang dans les artères et les veines. S'ils enregistrent un changement de pression, ils émettent des signaux au cerveau pour ralentir ou accélérer le rythme cardiaque, ou pour élargir ou rétrécir les artères afin de conserver la pression artérielle à un niveau normal. Le cerveau réagit aux messages des barorécepteurs en libérant des hormones et enzymes qui influent sur l'action du cœur, des vaisseaux sanguins et des reins. Une des hormones les plus importantes influant sur la pression artérielle est l'épinéphrine, aussi connue sous le nom d'adrénaline. L'épinéphrine est libérée dans le corps durant les périodes de stress intense ou de forte émotion, comme par exemple, lorsque vous avez peur ou que vous vous hâtez pour compléter un travail à temps.

L'épinéphrine cause un rétrécissement des artères et des contractions plus fortes et plus rapides du cœur, augmentant ainsi la tension dans les artères. Les gens parlent souvent de la libération d'épinéphrine en disant être «gonflés à bloc» ou «sous adrénaline».

Signification des chiffres

La pression artérielle est déterminée en mesurant la pression à l'intérieur des artères. On le fait au moyen d'un instrument appelé sphygmomanomètre. Il comprend un brassard gonflable enserrant le bras, une pompe à air et une colonne de mercure sur une jauge de pression standardisée. La pression artérielle s'exprime en termes de millimètres de mercure (mm Hg). Cette mesure indique jusqu'à quelle hauteur la pression des artères peut faire monter une colonne de mercure.

Les deux chiffres

La lecture de la pression artérielle comporte deux chiffres. Les deux sont importants. Le premier indique la pression artérielle systolique ou pression maximale. Il s'agit de la quantité de pression dans les

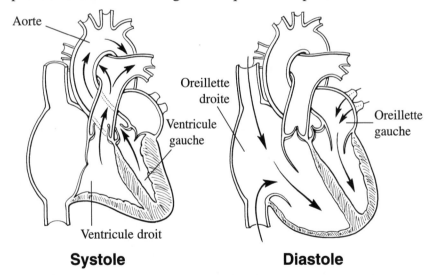

Durant la systole (à gauche), le muscle cardiaque se contracte et expulse le sang des chambres de pompage du cœur (ventricules). Le sang dans le côté droit de votre cœur se rend à vos poumons et celui dans le côté gauche de votre cœur est pompé dans le gros vaisseau (aorte) qui nourrit les artères. Durant la diastole (à droite), le muscle cardiaque se détend et gonfle pour permettre au sang provenant des chambres de réserve du cœur (oreillettes) d'entrer dans les chambres de pompage.

artères lorsque le cœur se contracte et expulse du sang dans l'aorte. Le deuxième indique la pression diastolique ou pression minimale. C'est la pression qui reste dans les artères entre les battements du cœur, lorsqu'il se détend et se gonfle de sang. Le muscle cardiaque doit se détendre complètement pour pouvoir se contracter de nouveau. Durant cette période, la pression artérielle diminue.

Les deux chiffres s'écrivent habituellement comme une fraction: la tension systolique au-dessus ou à gauche et la tension diastolique en dessous ou à droite. Verbalement, on utilise généralement le mot «sur» pour séparer les deux chiffres.

À la naissance, la pression artérielle jouxte 90/60 mm Hg, ou 90 «sur» 60. Elle augmente lentement durant l'enfance. À l'âge adulte, la pression artérielle normale présente un écart variant entre 120/80 mm Hg et 139/89 mm Hg. Toutefois, une pression systolique de 130 à 139 mm Hg et une pression diastolique entre 85 et 89 mm Hg représentent les niveaux les plus élevés que l'on considère acceptables. On réfère souvent à de tels chiffres en qualifiant la lecture de «limite» ou «normale élevée» (voir le tableau ci-contre).

Une pression artérielle idéale ou optimale est de 120/80 mm Hg ou moins. Autant que possible, c'est l'objectif que vous devriez viser. Si vous prenez des médicaments contre l'hypertension, abaisser votre pression artérielle à un niveau aussi bas ne serait peut-être pas raisonnable ou acceptable.

Les hauts et les bas quotidiens

La lecture de la pression artérielle indique uniquement la pression artérielle au moment même où elle est mesurée. Durant la journée, elle varie de façon naturelle. Elle augmente durant les périodes d'activité lorsque le cœur travaille plus fort, au moment où vous faites une activité physique par exemple. Au repos, elle diminue lorsque vous exigez moins de votre cœur, comme lorsque vous dormez. La pression artérielle change aussi en même temps que les positions du corps, comme lorsque vous passez de la position couchée ou assise à la position debout. Les aliments, l'alcool, la douleur, le stress et les émotions fortes augmentent aussi la pression artérielle. Ces hauts et ces bas quotidiens sont absolument normaux.

La pression artérielle change même selon la période de la journée. La pression dans les artères fluctue naturellement au cours d'une période de 24 heures. Elle est habituellement plus élevée au réveil, tôt le matin, lorsque vous commencez à vous activer. Elle demeure généralement assez stable au cours de la journée et commence à baisser tard dans la soirée. Elle atteint son niveau le plus bas aux petites heures du matin, pendant le sommeil. Ce modèle de 24 heures est connu sous le nom de rythme circadien. Le corps compte plus de 100 rythmes circadiens, chacun influant sur une fonction corporelle différente.

Si vous travaillez de soir ou de nuit, le rythme circadien de votre pression artérielle est différent et s'adapte à vos périodes de travail et de repos. Ceci est dû au fait que plusieurs rythmes circadiens changent lorsque les modèles d'activités sont modifiés.

Une lecture exacte
Pour obtenir une bonne lecture de votre pression artérielle moyenne, il faut la mesurer durant le jour, après quelques heures d'activité. Si vous faites des exercices physiques le matin, il est préférable de mesurer votre pression artérielle avant vos exercices ou quelques heures après. Après des exercices physiques, la pression artérielle demeure temporairement basse pendant une heure ou deux. Une lecture faite durant cette période peut donc ne pas refléter votre pression artérielle moyenne.

Vous ne devriez pas non plus fumer ou boire de la caféine ou de l'alcool au cours des 30 minutes précédant la mesure de votre pression artérielle. Le tabac et la caféine peuvent temporairement faire monter votre pression artérielle. L'alcool peut temporairement la faire descendre. Cependant, chez certaines personnes, l'alcool a un effet contraire, il fait monter la pression artérielle. De plus, vous devriez attendre 5 minutes après vous être assis avant de faire une lecture, afin que votre pression artérielle ait le temps de s'ajuster au changement de position et d'activité.

Définition de l'hypertension

Lorsque le système complexe qui régularise la pression artérielle ne fonctionne pas comme il le devrait, une trop forte pression peut se développer dans les artères. Une pression accrue et persistante dans les artères est appelée hypertension.

Classification de l'hypertension

	Systolique (mm Hg)		Diastolique (mm Hg)
Optimale*	120 ou moins	et	80 ou moins
Normale	129 ou moins	et	84 ou moins
Normale élevée	130 – 139	ou	85 – 89
Hypertension			
Stade 1†	140 – 159	ou	90 – 99
Stade 2†	160 – 179	ou	100 – 109
Stade 3†	180 ou plus élevée	ou	110 ou plus élevée

* Pression optimale considérant les risques cardiovasculaires.
† Pression basée sur la moyenne de deux ou trois lectures prises lors de
  chacune de deux visites ou plus après un dépistage initial.
Le National Institutes of Health (Institut nationaux de la santé, aux États-Unis).
The Sixth Report of the Joint National Committee on Prevention, Detection,
Evaluation, and Treatment of High Blood Pressure, 1997.

Le terme médical pour cette condition, hypertension, signifie haute pression dans les artères. Hypertension ne veut pas dire tension nerveuse, comme plusieurs le croient. Vous pouvez être calme, détendu et quand même faire de l'hypertension.

La pression artérielle est considérée comme étant élevée si la pression systolique est constamment de 140 mm Hg ou plus, si la pression diastolique est constamment de 90 mm Hg ou plus, ou si les deux conditions existent.

On distingue trois stades différents d'hypertension basés sur leur sévérité croissante. On les appelle tout simplement stades 1, 2 et 3. Les termes «légère» et «modérée» ne sont plus utilisés pour définir les niveaux d'hypertension afin d'éviter que, par erreur, les gens pensent qu'une hypertension légère ou modérée n'est pas grave.

L'hypertension se développe habituellement lentement. Dans la plupart des cas, cette maladie commence par une pression artérielle normale qui atteint le seuil limite (normale élevée) et devient, graduellement, une hypertension de stade 1. Chez les personnes dont l'hypertension n'est pas contrôlée, la plupart – presque 75 pour cent – souffrent d'hypertension de stade 1. Environ

20 pour cent ont une maladie de stade 2, et plus ou moins 5 pour cent ont une hypertension de stade 3.

Sans traitement, la force excessive du sang peut endommager plusieurs organes et tissus du corps. Plus le stade de l'hypertension est élevé, plus grands sont les risques de lésion. Cependant, même au stade 1, l'hypertension peut avoir des conséquences fâcheuses si elle dure plusieurs mois ou même des années.

Couplé à d'autres facteurs reconnus comme étant nocifs pour la santé, tels l'obésité ou l'usage du tabac, le niveau de risque d'un dommage résultant de l'hypertension est encore accru.

Symptômes

L'hypertension est souvent appelée «meurtrière silencieuse» parce qu'elle ne se manifeste par aucun signe ou symptôme avant-coureur.

Les gens croient que maux de tête, étourdissements ou saignements de nez sont des symptômes communs de l'hypertension. Il est vrai qu'au tout début de la maladie, certaines personnes éprouvent une douleur sourde à l'arrière de la tête le matin en se levant. Parfois, elles saignent un peu plus souvent du nez. Mais en général, la plupart ne sentent rien du tout.

Vous pouvez souffrir d'hypertension depuis des années et ne pas le savoir. En fait, à l'heure actuelle, des millions de personnes ignorent que leur pression artérielle est trop élevée. C'est le plus souvent une condition découverte pendant un examen de routine, lorsqu'un médecin ou une infirmière mesure la pression artérielle.

Des signes et symptômes, comme des maux de tête, des étourdissements ou des saignements de nez, ne se présentent habituellement pas avant que l'hypertension ait atteint un stade plus avancé, susceptible de causer la mort. Souvent, des personnes souffrant d'hypertension de stade 3 n'éprouvent aucun symptôme.

D'autres symptômes parfois associés à l'hypertension, comme une transpiration excessive, des crampes musculaires, de la faiblesse, des mictions fréquentes ou des battements cardiaques rapides ou irréguliers (palpitations), sont généralement causés par d'autres maladies pouvant entraîner une pression artérielle incontrôlée.

Lorsque votre pression artérielle est trop basse

Ordinairement, plus la lecture de votre pression artérielle est basse, mieux vous vous portez. Mais dans certains cas, votre pression artérielle peut chuter à un niveau trop bas, tout comme elle peut s'élever dangereusement. Une pression artérielle basse, hypotension, peut mettre la vie en péril si elle atteint des niveaux dangereusement bas. Mais, cela se produit rarement.

L'hypotension artérielle chronique – une pression artérielle sous la normale mais non périlleuse – est assez fréquente. Elle peut résulter de plusieurs facteurs, y compris les médicaments pour traiter l'hypertension et les complications du diabète. Le stade médian de la grossesse (deuxième trimestre) peut aussi provoquer une hypotension chronique.

Un effet secondaire potentiellement dangereux de l'hypotension chronique est l'hypotension orthostatique ou posturale. C'est un état dans lequel une personne a des étourdissements ou s'évanouit lorsqu'elle se lève trop rapidement.

En position debout, la loi de la gravité fait descendre le sang dans les jambes, ce qui provoque une chute soudaine de la pression artérielle. Normalement, le système régulateur de la pression artérielle réagit presque simultanément en rétrécissant les vaisseaux sanguins et en augmentant le volume de l'afflux sanguin venant du cœur. En conséquence, lorsque vous changez de position, vous ne sentez rien.

Toutefois, lorsque la pression artérielle est constamment basse, il faut plus de temps au corps pour réagir au changement de tension lorsqu'une personne se lève. L'hypotension artérielle posturale a également tendance à être plus commune à un âge avancé, car les signaux nerveux et les réponses du système régulateur sont ralentis. Ce qui représente un danger, c'est de tomber et de se blesser pendant un étourdissement ou un évanouissement.

Vous pouvez généralement éviter ce problème en vous levant plus lentement et en prenant un appui lors d'un changement de position. Attendez aussi quelques secondes après vous être levé avant de commencer à marcher, afin que votre corps puisse s'ajuster au changement de pression. Croiser les jambes et serrer les cuisses (en lames de ciseau) après vous être levé aide également à réduire l'afflux sanguin dans les jambes.

Cependant, voyez votre médecin si vous éprouvez des étourdissements fréquents ou si vous vous évanouissez. Il se peut qu'une autre condition médicale cause ces symptômes ou les aggrave.

Complications

L'hypertension doit être contrôlée car, avec le temps, la force excessive exercée sur les parois artérielles peut endommager gravement plusieurs organes vitaux. Habituellement, plus le stade de l'hypertension est élevé, si l'hypertension demeure incontrôlée pendant une longue période, plus les dommages sont importants. Nous le répétons, lorsque les symptômes apparaissent, les dommages existent peut être déjà.

Plusieurs études ont démontré un lien direct entre une hypertension incontrôlée et un risque accru d'accident vasculaire cérébral, de crise cardiaque et d'insuffisance cardiaque et rénale. Les organes les plus vulnérables sont les artères, le cœur, le cerveau, les reins et les yeux.

Les artères

Les dommages résultant de l'hypertension sont l'artériosclérose, l'athérosclérose et l'anévrisme.

L'artériosclérose. Des artères saines sont comme des muscles sains. Elles sont flexibles, fortes, élastiques. Leurs parois internes sont lisses pour que le sang y circule sans entrave. Mais avec les années, une trop forte pression sur les artères peut rendre les parois internes épaisses et rigides.

Le terme «artériosclérose» signifie durcissement des artères. Il vient du mot grec «sklerosis», qui veut dire durcissement. Parfois, on peut sentir ces artères dans les avant-bras; elles peuvent donner une impression de cordonnets rigides.

L'athérosclérose. L'hypertension peut accélérer l'accumulation de tissus graisseux dans et sous la paroi interne des artères. Le nom «athérosclérose» vient du mot grec «ather», qui veut dire bouillie, parce que les tissus graisseux sont mous et ressemblent à de la bouillie.

Lorsque la paroi interne d'une artère est endommagée, des cellules sanguines appelées plaquettes se groupent souvent en masse sur la lésion. De plus, des tissus graisseux s'y accumulent aussi. Au début, ce ne sont que des stries de cellules graisseuses. Mais, en s'y

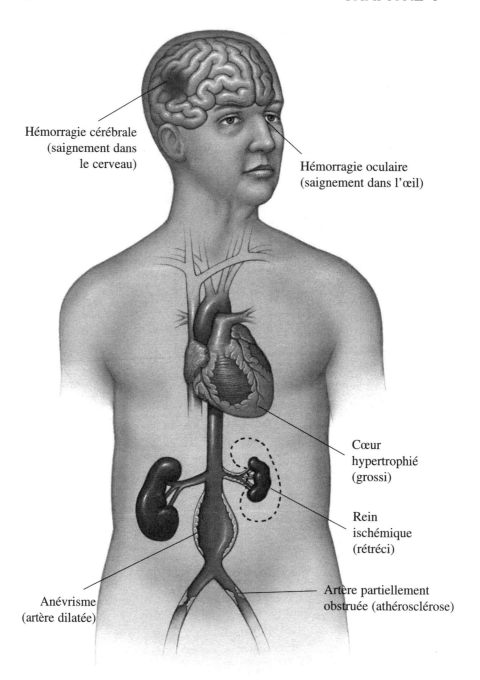

Hémorragie cérébrale
(saignement dans
le cerveau)

Hémorragie oculaire
(saignement dans l'œil)

Cœur
hypertrophié
(grossi)

Rein
ischémique
(rétréci)

Anévrisme
(artère dilatée)

Artère partiellement
obstruée (athérosclérose)

Sans traitement, l'hypertension peut endommager des tissus et des organes partout dans votre corps. Les organes les plus souvent affectés par l'hypertension sont les artères, le cœur, le cerveau, les reins et les yeux.

accumulant, les tissus graisseux envahissent certaines couches plus profondes de la paroi artérielle, la rendant cicatricielle. Une forte accumulation de tissus graisseux est appelée plaque athéromateuse. Avec le temps, cette plaque peut durcir.

Le plus grand danger de la formation d'une plaque athéromateuse est le rétrécissement du canal dans lequel le sang circule. Lorsqu'un tel rétrécissement se produit, les organes et tissus irrigués par l'artère ne reçoivent plus assez de sang. Le corps réagit à cette pénurie en augmentant la pression artérielle afin de maintenir un apport sanguin adéquat. Cette augmentation de la pression artérielle génère d'autres lésions aux vaisseaux sanguins. Un cercle vicieux s'installe. De plus, la plaque peut se rompre et bloquer l'artère, créant un caillot sanguin, ou circuler avec le sang jusqu'à ce qu'elle se loge dans une artère plus petite.

L'artériosclérose et l'athérosclérose peuvent se produire dans les artères, n'importe où dans l'organisme, mais les maladies les plus fréquentes affectent les artères du cœur, du cerveau et des reins.

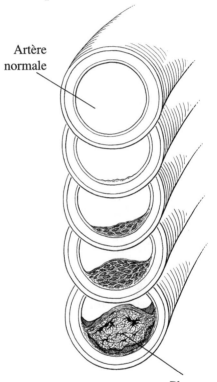

Artère normale

Plaque athéromateuse

Dans l'athérosclérose, des dépôts de tissus graisseux s'accumulent graduellement sur la paroi interne de l'artère. Au fur et à mesure que le dépôt grossit, la circulation sanguine diminue et la pression artérielle augmente. Cet état augmente le risque d'une crise cardiaque, d'un accident vasculaire cérébral ou autres problèmes vasculaires.

L'anévrisme. Lorsqu'un vaisseau sanguin perd son élasticité et faiblit, un point de sa paroi peut se dilater, bomber ou ballonner. Les anévrismes se produisent le plus souvent dans une artère cervicale ou dans la partie plus basse de l'aorte qui traverse l'abdomen. Le danger que présente tout anévrisme est la possibilité qu'il coule ou éclate, causant une hémorragie qui peut être mortelle.

Au début, l'anévrisme ne présente généralement pas de symptômes. Plus avancé, un anévrisme dans une artère cervicale peut causer une céphalée ou mal de tête sévère qui ne disparaît pas. Un anévrisme abdominal avancé peut causer une douleur continuelle dans l'abdomen ou au bas du dos. Parfois, au cours d'un examen médical, un médecin peut détecter un anévrisme abdominal en sentant la pulsation du vaisseau lors d'une faible pression sur l'abdomen.

Plus l'hypertension est contrôlée tôt, plus faibles sont les risques que des maladies des vaisseaux sanguins se développent ou empirent.

Le cœur

L'hypertension peut endommager le cœur en causant trois maladies importantes.

L'insuffisance coronarienne. La principale cause de décès chez les personnes souffrant d'hypertension non contrôlée est l'insuffisance coronarienne. Cette maladie fait référence à une lésion aux coronaires, les principales artères qui alimentent le cœur. L'accumulation de plaque athéromateuse à l'intérieur de ces artères est répandue chez les gens atteints d'hypertension. La plaque réduit l'afflux sanguin vers le muscle cardiaque, ce qui peut mener à une crise cardiaque si le cœur est privé d'une trop grande quantité de sang.

L'hypertrophie ventriculaire gauche. La pression artérielle est semblable à un poids ou une charge que le muscle cardiaque doit lever. Lorsque le cœur pompe du sang dans l'aorte, il doit le pousser malgré la pression interne des artères. Plus la pression artérielle est élevée, plus le muscle doit travailler fort. Comme tout autre muscle, plus le muscle cardiaque travaille fort, plus il grossit.

Éventuellement, le cœur ne peut soutenir la charge excessive et la paroi musculaire de sa principale chambre de pompage, le ventricule gauche, commence à épaissir, elle s'hypertrophie. Parce que le ventricule grossit, il exige un apport accru de sang. Cependant, parce que l'hypertension cause aussi un rétrécissement des vaisseaux sanguins alimentant le cœur, celui-ci ne reçoit plus le sang nécessaire à son irrigation. L'hypertrophie ventriculaire gauche est associée à un plus fort risque de mort subite et de crise cardiaque.

L'insuffisance cardiaque. Lorsque le muscle cardiaque grossit, il peut s'affaiblir et devenir moins efficace. En fait, il lui faut plus de force pour pomper moins de sang. Cette situation peut entraîner une insuffisance cardiaque. Dans cet état, le cœur est incapable de pomper assez rapidement le sang qui revient vers lui. Il en résulte que du liquide peut refouler et commencer à s'accumuler dans les poumons, les jambes et autres tissus.

Une accumulation de liquide est appelée œdème. Lorsque du liquide s'accumule dans les poumons, il provoque une difficulté respiratoire, de l'essoufflement. L'accumulation de liquide dans les jambes fait enfler les pieds et les chevilles.

Contrôler l'hypertension pendant une période de 5 ans ou plus réduit énormément le risque de souffrir de ces maladies cardio-vasculaires. Le risque d'une crise cardiaque diminue d'environ 20 pour cent, et celui d'une insuffisance cardiaque de plus de 50 pour cent.

Le cerveau

L'hypertension augmente sensiblement les risques d'un accident vasculaire cérébral. En fait, l'hypertension en constitue le principal facteur de risque. On estime que 70 pour cent des accidents vasculaires cérébraux se produisent chez les gens présentant une hypertension.

L'accident vasculaire cérébral, aussi appelé attaque d'apoplexie, est une lésion cérébrale causée par un vaisseau sanguin bloqué ou rompu qui perturbe l'apport sanguin au cerveau. Il existe deux principaux types d'accidents vasculaires cérébraux: l'accident ischémique et l'accident hémorragique.

Les accidents ischémiques cérébraux ou infarctus cérébraux. Ce sont les accidents les plus fréquents, représentant environ 80 pour cent d'entre eux. Ils sont causés par un caillot sanguin résultant de la formation d'une plaque athéromateuse dans une artère. La plaque rend la paroi interne du vaisseau sanguin rugueuse et oblige le sang à la contourner, ce qui peut contribuer à la formation d'un caillot. Plus de la moitié des accidents ischémiques cérébraux sont produits par des caillots sanguins stationnaires, thrombotiques, qui se développent dans les artères allant du cœur au cerveau. C'est le plus souvent dans les artères du cou, les carotides, qu'un caillot de sang se développe. Des médicaments trombolytiques réduisent considérablement les dommages résultant d'un accident ischémique cérébral s'ils sont administrés dans les premières heures qui suivent l'apparition des symptômes.

Une forme moins fréquente d'accident ischémique cérébral se présente lorsqu'un minuscule morceau de caillot sanguin se détache d'une paroi artérielle, traverse les plus grosses artères pour se loger dans des vaisseaux plus petits du cerveau. Un caillot qui s'est formé dans une cavité du cœur peut aussi se détacher. Si le caillot sanguin en mouvement, embolique, se loge dans une petite artère et bloque l'afflux sanguin dans une partie du cerveau, c'est l'accident vasculaire cérébral.

Les accidents ischémiques cérébraux affectent habituellement les parties du cerveau contrôlant les mouvements, le langage et les sens.

Les accidents hémorragiques cérébraux ou hémorragies cérébrales. Ce type d'accident survient lorsqu'un vaisseau sanguin du cerveau saigne ou se rompt. Le sang se répand dans le tissu cérébral environnant et l'endommage. Privées de sang, les cellules cérébrales au-delà de la lésion sont aussi endommagées.

L'anévrisme est une des causes de l'hémorragie cérébrale . Une petite déchirure dans une artère peut aussi permettre au sang de s'écouler. Les accidents hémorragiques cérébraux sont moins fréquents, mais plus meurtriers.

Le dépistage et l'avancement des connaissances concernant le traitement de l'hypertension au cours des 25 dernières années ont contribué à réduire énormément le nombre des accidents vasculaires cérébraux. Lorsque la pression artérielle est abaissée par un traitement approprié, le risque d'un accident vasculaire cérébral diminue remarquablement – d'environ 40 pour cent sur une période de 2 à 5 ans.

Les reins

Environ le cinquième du sang pompé par le cœur se rend dans les reins. De fines structures de filtrage, appelées néphrons, y filtrent les déchets produits dans le sang, ces derniers étant plus tard éliminés dans l'urine. Les reins contrôlent également l'équilibre de l'eau, des acides et des minéraux contenus dans le sang. L'hypertension peut perturber ce processus compliqué et éventuellement entraîner une insuffisance rénale.

Lorsque les vaisseaux sanguins des reins sont rétrécis par l'hypertension, l'afflux sanguin aux néphrons est réduit et les reins ne peuvent éliminer tous les déchets du sang. Avec le temps, le sang accumule ces déchets et les reins peuvent rétrécir et cesser de fonctionner. L'hypertension et le diabète sont les principales causes de l'insuffisance rénale.

Lorsque les reins cessent de fonctionner, une hémodialyse, et parfois même une transplantation rénale sont nécessaires. La dialyse est un procédé par lequel les déchets du sang sont filtrés par un appareil. Un chirurgien crée une ouverture permettant au sang de sortir et de revenir au corps durant la dialyse. Cette ouverture est habituellement faite sur l'avant-bras.

Parce que les reins contribuent au contrôle de la pression artérielle en réglant les quantités de sodium et d'eau dans le sang, des dommages à ces organes peuvent empirer l'hypertension. Ils peuvent produire un cycle destructeur qui finit par provoquer une augmentation de la pression artérielle et une insuffisance graduelle des reins pour filtrer les impuretés du sang.

Contrôler l'hypertension peut réduire la progression d'un dommage rénal vers une insuffisance rénale.

Les yeux

L'hypertension accélère le vieillissement normal des minuscules vaisseaux sanguins de l'œil. Dans les cas graves, elle peut même entraîner la cécité.

Parfois, un simple examen de la vue amène la découverte de l'hypertension. Diriger une lumière dans les yeux permet de voir les très petits vaisseaux sanguins du fond de l'œil, la rétine. Aux premiers stades de l'hypertension, ces vaisseaux peuvent épaissir et rétrécir. Par la suite, ils peuvent se bloquer et comprimer les veines environnantes, perturbant la circulation sanguine dans les veines.

L'hypertension peut aussi causer un éclatement des minuscules vaisseaux sanguins de la rétine et un écoulement de liquide ou de sang dans les tissus environnants. Dans les cas graves, le nerf qui transmet les signaux de la vision de la rétine au cerveau, le nerf optique, peut commencer à augmenter de volume. Il peut en résulter une perte de la vue.

Une lésion aux artères de la rétine indique presque sûrement que des vaisseaux sanguins ailleurs dans l'organisme sont aussi endommagés.

Un traitement hâtif prévient généralement les complications à l'œil.

Résumé

Concepts clés à retenir dans ce chapitre:

- La pression artérielle est nécessaire pour la circulation en douceur du sang dans le cœur et les vaisseaux sanguins.
- Les deux chiffres de la lecture de la pression artérielle ont une importance égale.
- L'hypertension signifie une pression artérielle systolique qui se maintient continuellement à 140 mm Hg ou plus, une pression artérielle diastolique qui se maintient continuellement à 90 mm Hg ou plus, ou les deux.
- Des millions de personnes souffrent d'hypertension, mais seulement environ le quart d'entre elles ont une maladie sous contrôle.
- L'hypertension est appelée «meurtrière silencieuse» parce que généralement, elle ne se manifeste par aucun signe ou symptôme.
- Sans traitement, l'hypertension peut causer un accident vasculaire cérébral, une crise cardiaque, une insuffisance cardiaque et une insuffisance rénale.
- En contrôlant l'hypertension, vous réduisez sensiblement les risques des complications ou des décès reliés à cette maladie.

Chapitre 2

Facteurs de risque

Q uelle que soit la maladie, vous désirez naturellement en connaître la cause. Pourquoi certaines personnes en souffrent-elles alors que d'autres sont épargnées? Malheureusement, dans le cas de l'hypertension, on n'obtient presque jamais de réponse.

Il est cependant évident que certains facteurs peuvent augmenter vos risques. En connaissant certains d'entre eux, vous pouvez prendre les mesures nécessaires pour les minimiser et peut-être prévenir l'apparition de la maladie.

Hypertension essentielle

Il existe deux formes d'hypertension: l'hypertension essentielle et l'hypertension secondaire. L'hypertension essentielle est la plus répandue. Environ 95 pour cent des gens hypertendus souffrent d'hypertension essentielle, aussi connue sous le nom d'hypertension primaire.

Ce qui différencie l'hypertension essentielle de l'hypertension secondaire, c'est qu'elle n'a pas de cause connue ou bien déterminée. Chez la majorité des gens souffrant d'hypertension, il est difficile de cerner avec exactitude l'élément déclencheur de l'élévation de leur pression artérielle.

Les chercheurs étudient la possibilité que certains gènes soient responsables du développement de l'hypertension, mais il est douteux qu'ils réussissent à relier un défaut génétique spécifique à l'hypertension essentielle. Il est plus vraisemblable que l'hypertension soit l'aboutissement d'une combinaison de facteurs associés aux divers éléments suivants:
- alternance de vasoconstriction et de vasodilatation
- augmentation de fluide dans le sang
- contrôle des barorécepteurs

- production de substances ayant un effet sur le fonctionnement des vaisseaux sanguins
- sécrétions hormonales
- volume de sang pompé par le cœur
- contrôle nerveux du système cardiovasculaire.

Facteurs de risque

Certains caractères génétiques ou certaines habitudes de vie jouent un rôle important dans l'évolution de l'hypertension essentielle. Généralement, plus vos facteurs de risque sont nombreux, plus grandes sont les possibilités de faire de l'hypertension au cours de votre vie. Si vous pouvez contrôler la plupart des facteurs de risque, certains sont par contre immuables ou non modifiables.

Facteurs de risque non modifiables

Dans le cas de l'hypertension, il existe quatre grands facteurs de risque que vous ne pouvez pas modifier.

Race. L'hypertension est presque deux fois plus fréquente chez les individus de race noire que chez ceux de race blanche.

Les personnes de race noire développent généralement l'hypertension plus tôt dans leur vie. De plus, elle est habituellement plus sévère et a tendance à évoluer plus rapidement. Ce sont les principales raisons qui expliquent le taux plus élevé de mortalité reliée aux complications de la maladie dans ce groupe.

Parmi certaines populations amérindiennes, la prévalence de l'hypertension est aussi plus élevée que chez les individus de race blanche.

Âge. Le risque d'hypertension augmente avec l'âge. Même si l'hypertension peut se manifester à tout âge, elle est le plus souvent détectée chez les personnes de 35 ans ou plus. Plus de la moitié des adultes de 65 ans ou plus font de l'hypertension.

Il est assez courant que la pression artérielle augmente légèrement avec l'âge. Les modifications physiologiques au niveau du cœur, des vaisseaux sanguins et des hormones en sont souvent la cause. Cependant, si ces changements sont liés à d'autres facteurs de risque, ils peuvent conduire à l'hypertension.

Antécédents familiaux. L'hypertension a tendance à être davantage présente dans certaines familles. Si l'un de vos parents fait de l'hypertension, vos risques d'en faire un jour sont d'environ 25 pour cent. Si vos deux parents, père et mère, font de l'hypertension, vos risques d'en souffrir sont d'environ 60 pour cent.

Des études réalisées auprès de jumeaux et de gens d'une même famille souffrant tous d'hypertension démontrent qu'une composante héréditaire ou génétique pourrait jouer un rôle dans certains cas. Une théorie actuellement examinée touche une hormone, l'angiotensine. Lorsqu'elle entre dans la circulation sanguine, l'hormone est transformée en angiotensine II, une substance qui contracte les vaisseaux sanguins et incite les reins à retenir l'eau et le sodium. Les chercheurs croient que chez certaines personnes, le gène déterminant la production et la libération d'angiotensine dans le corps pourrait être défectueux et inciter le corps à en produire trop.

Toutefois, ce n'est pas parce que l'hypertension est chose commune dans votre famille que vous en ferez nécessairement. Même dans les familles où l'hypertension est répandue, certaines personnes de même sang ne développent jamais la maladie.

Sexe. Chez les adultes jeunes et d'âge moyen, les hommes sont plus susceptibles que les femmes de faire de l'hypertension. À un âge plus avancé, c'est la situation contraire qui prévaut. Dès la cinquantaine, alors que la plupart des femmes sont ménopausées, l'hypertension devient plus fréquente chez les femmes que chez les hommes.

Facteurs de risque modifiables

Certains facteurs de risque de l'hypertension peuvent être contrôlés.

Obésité. Un surplus de masse augmente le risque de développer l'hypertension pour plusieurs raisons. Plus la masse corporelle est importante, plus le sang doit fournir d'oxygène et de produits nutritifs aux tissus. Ceci signifie que le volume de sang circulant dans les vaisseaux est accru, exerçant une force additionnelle sur les parois artérielles.

Un surplus de poids peut aussi faire augmenter la fréquence cardiaque et le taux d'insuline dans le sang. Un taux élevé d'insuline favorise la rétention d'eau et de sodium.

De plus, certaines personnes obèses ont un régime alimentaire trop riche en matières grasses saturées. Ces gras favorisent l'accumulation de plaque athéromateuse ou de tissus graisseux dans les artères, causant leur rétrécissement. La diète contient trop de gras si plus de 30 pour cent des kilojoules ou calories absorbés chaque jour proviennent d'aliments gras.

Obésité en Amérique

Le tour de taille des Américains augmente. On estime que 97 millions d'adultes ont un surplus de masse ou sont obèses. C'est plus de la moitié de la population adulte. Uniquement devancé par la cigarette, le surplus de masse constitue maintenant la deuxième cause des décès évitables aux États-Unis.

Les derniers résultats de la troisième étude nationale sur la santé et la nutrition, le Third National Health and Nutrition Examination Study (NHANES III), démontrent qu'entre 1960 et 1994, le pourcentage des adultes américains présentant un surplus de masse est passé de 30,5 pour cent à 32 pour cent, et celui des adultes obèses de 12,8 pour cent à 22,5 pour cent.

Vous êtes plus susceptible de présenter un surplus de masse ou d'être obèse en prenant de l'âge. Selon les chiffres les plus récents, 73 pour cent de tous les hommes de 50 ans ou plus et 65 pour cent de toutes les femmes âgés de 50 ans ou plus ont un surplus de masse ou sont obèses. Le surplus de masse est défini comme un indice de masse corporelle (IMC) de 25 à 29. L'obésité est définie comme un IMC de 30 ou plus. On parle plus en profondeur de l'indice de masse corporelle au Chapitre 4 (page 58).

Il n'y a pas que les adultes qui prennent du poids. Selon les chiffres du NHANES III, presque 14 pour cent des enfants et 11,5 pour cent des adolescents sont trop lourds. D'autres études laissent croire que ces chiffres pourraient être encore plus élevés.

Une combinaison de facteurs, comprenant les gènes, une vie inactive, une trop grande consommation de kilojoules ou calories et une nourriture facilement accessible, pourrait être responsable de ce problème grandissant.

Inactivité. Le manque d'exercices physiques accroît le risque d'hypertension en augmentant le risque d'obésité. Les gens inactifs ont également tendance à présenter une fréquence cardiaque plus élevée et leur muscle cardiaque doit travailler plus fort à chaque contraction. Plus le cœur doit pomper fort, et plus souvent il doit le faire, plus la force exercée sur les artères devient grande.

Tabagisme. Les produits chimiques du tabac peuvent endommager les parois internes de vos artères, les prédisposant à l'accumulation de plaque athéromateuse.

La nicotine du tabac exige également un travail supplémentaire de votre cœur en contractant vos vaisseaux sanguins temporairement et en augmentant votre fréquence cardiaque et votre pression artérielle. Il s'agit des résultats de l'augmentation de la production hormonale pendant qu'une personne fume, y compris des niveaux accrus de l'hormone épinéphrine, l'adrénaline.

En plus, le bioxyde de carbone dans la cigarette remplace l'oxygène dans votre sang. Ceci peut faire augmenter la pression artérielle en obligeant votre cœur à travailler davantage pour fournir un apport adéquat d'oxygène aux organes et tissus de votre organisme.

Sensibilité au sodium. Votre corps a besoin d'une certaine quantité de sodium pour maintenir l'équilibre hydro-électrolytique. Une source commune de sodium est le sel de table (chlorure de sodium), composé d'environ 40 pour cent de sodium et de 60 pour cent de chlorure.

Cependant, certaines personnes sont plus sensibles que d'autres à la présence de sodium dans leur sang. Les gens sensibles au sodium le retiennent plus facilement, ce qui provoque une rétention des liquides et une augmentation de la pression artérielle.

Plus du tiers des personnes faisant de l'hypertension pourraient être sensibles au sodium. Chez les noirs, ce pourcentage est encore plus élevé. En vieillissant, la sensibilité au sodium s'accentue.

Carence de potassium. Le potassium est un minéral qui contribue à équilibrer la quantité de sodium dans les liquides cellulaires. Il favorise l'élimination de l'excès de sodium par les reins qui le filtrent pour ensuite l'éliminer dans l'urine.

Si votre diète ne comporte pas suffisamment de potassium, ou si votre corps ne peut en retenir suffisamment, trop de sodium peut s'accumuler et augmenter vos risques de faire de l'hypertension.

Abus d'alcool. Les gens qui prennent trois verres d'alcool ou plus par jour présentent une incidence plus élevée d'hypertension que les personnes abstinentes ou qui prennent moins de trois verres par jour. L'abus d'alcool est responsable d'environ 8 pour cent de tous les cas d'hypertension.

On ne comprend pas encore avec exactitude comment et pourquoi l'alcool augmente la pression artérielle, mais on sait qu'avec le temps, la consommation abusive d'alcool peut endommager le muscle cardiaque.

Stress. Le stress ne cause pas une hypertension persistante. Cependant, des niveaux élevés de stress peuvent causer une hausse temporaire, mais dramatique, de la pression artérielle. Si ces épisodes se produisent assez souvent, ils peuvent, avec le temps, endommager les vaisseaux sanguins, le cœur et les reins tout comme l'hypertension persistante.

Le stress peut aussi entraîner l'hypertension en incitant à adopter des habitudes malsaines qui augmentent le niveau de risque. Certaines personnes allègent leur stress en se tournant vers la cigarette, l'alcool ou la nourriture, habituellement grasse et salée.

Autres maladies

Votre risque d'hypertension peut aussi être accru si vous souffrez d'une maladie chronique. Les maladies susceptibles de contribuer à une augmentation de la pression artérielle ou de rendre plus difficile le contrôle de l'hypertension sont décrites ci-dessous.

Cholestérol élevé. Des taux élevés de cholestérol, une substance graisseuse dans le sang, facilite le développement de plaque athéromateuse dans les artères, entraînant leur rétrécissement. Des artères rétrécies, atteintes d'athérosclérose, peuvent faire grimper votre pression artérielle.

Diabète. Trop de sucre dans le sang peut endommager les organes et tissus et mener à l'athérosclérose, à l'insuffisance rénale et à l'insuffisance coronarienne. Toutes ces maladies ont une influence sur votre pression artérielle.

Apnée du sommeil. Cette forme sévère du ronflement interrompt la respiration pendant le sommeil, ce qui peut stresser le cœur et augmenter le risque d'hypertension.

Insuffisance cardiaque. Si le muscle cardiaque est endommagé ou affaibli, peut-être à cause d'une crise cardiaque, il doit travailler plus fort pour pomper le sang. Une pression artérielle incontrôlée exige davantage d'un cœur affaibli et complique le traitement des deux pathologies.

Effet synergique (multiplicateur)

Les facteurs de risque ne fonctionnent généralement pas indépendamment les uns des autres. Ils interagissent souvent et considérablement. Par exemple, si vous présentez deux facteurs de risque – vous avez un surplus de masse et vous êtes inactif – vos chances de développer l'hypertension sont beaucoup plus grandes que si vous ne présentiez qu'un seul de ces deux facteurs.

Pareillement, travailler à réduire un facteur de risque peut améliorer les autres. Votre diminution totale de facteur de risque peut être supérieure à la somme de ce seul facteur.

Ne l'oubliez pas: le risque fait référence aux chances, non à l'inévitabilité ou aux garanties. Il est évident que certains facteurs de risque ont une influence sur vos chances de faire de l'hypertension. Cependant, présenter un ou plusieurs facteurs de risque ne garantit aucunement que vous ferez de l'hypertension, tout comme n'en présenter aucun ne peut garantir que vous n'en ferez jamais.

Hypertension secondaire

L'hypertension secondaire est une hypertension dont la cause est connue. Les médecins sont capables d'identifier une maladie sous-jacente ou un état qui provoque une élévation de la pression artérielle. Cette forme d'hypertension se produit rarement, n'affectant qu'environ 5 pour cent des gens qui ont une pression artérielle élevée.

Contrairement à l'hypertension essentielle, que les médecins peuvent traiter mais ne peuvent guérir, l'hypertension secondaire peut souvent être guérie. Lorsque l'état sous-jacent est corrigé, normalement la pression artérielle diminue. Dans plusieurs cas, elle redevient normale.

Causes

Voici des pathologies pouvant provoquer une hypertension secondaire. Elles diffèrent des maladies vues dans les pages précédentes du fait qu'elles peuvent effectivement causer l'hypertension et non tout simplement augmenter votre niveau de risque.

Maladie rénale. Vos reins constituent un des principaux régulateurs de la pression artérielle. Si une maladie, comme une lésion, une inflammation ou le développement de kystes, empêche vos reins de fonctionner normalement, votre pression artérielle peut s'élever.

Insuffisance surrénale. Vos glandes surrénales fabriquent des hormones, y compris l'épinéphrine ou adrénaline, la norépinéphrine ou noradrénaline, l'aldostrérone et le cortisol, qui aident à régulariser votre pression artérielle et votre fréquence cardiaque. Une croissance exagérée des surrénales ou le développement d'une tumeur influant sur la libération de ces hormones dans la circulation sanguine peuvent provoquer l'hypertension.

Maladie thyroïdienne. Les hormones fabriquées par votre glande thyroïde régularisent tous les aspects de votre métabolisme, de la fréquence des battements de votre cœur jusqu'à la rapidité avec laquelle vous brûlez les kilojoules ou calories. Dans le cas de l'hyperthyroïdie, lorsque la glande thyroïde libère trop d'hormones, la fréquence des battements cardiaques s'accélère et les exigences sur le système cardiovasculaire augmentent. Ces efforts supplémentaires peuvent mener au développement de l'hypertension.

Il est intéressant de constater que l'hypothyroïdie, une diminution des hormones thyroïdiennes, peut aussi causer l'hypertension. On pense que cette pathologie fait monter la pression artérielle par une augmentation de la rétention des liquides.

Malformation des vaisseaux sanguins. Dans de rares cas, l'hypertension secondaire est due à une malformation congénitale, l'aorte se rétrécissant après s'être ramifiée en artères allant au cou et aux bras. Les pressions artérielles du haut du corps sont élevées, mais celles de l'abdomen et des jambes sont plus basses. Ce défaut, la coarctation, se présente le plus souvent chez des personnes jeunes qui font de l'hypertension.

L'hypertension secondaire peut aussi être le résultat d'un rétrécissement de l'une ou des deux artères rénales. Ce rétrécissement provoque la libération d'un hormone, la rénine, qui augmente la pression artérielle. Cette maladie peut être causée par l'accumulation de plaque athéromateuse ou une malformation qui fait épaissir la couche moyenne de la paroi artérielle. Cette forme d'épaississement de la paroi artérielle, appelée dysplasie fibro-musculaire, se voit plus souvent chez les femmes que chez les hommes.

Grossesse. Durant les trois derniers mois de la grossesse, au troisième trimestre, une faible pourcentage de femmes enceintes souffre de prééclampsie ou syndrome vasculo-rénal de la grossesse. Cet état est caractérisé par une augmentation importante de la pression artérielle, de l'œdème (enflure) et un excès de protéines dans l'urine. Après la naissance du bébé, la pression artérielle redevient habituellement normale.

On traite davantage de la prééclampsie au Chapitre 11 (page 166).

Médicaments. Les pilules contraceptives peuvent faire légèrement augmenter la pression artérielle d'une femme. Cependant, dans certains cas, l'augmentation est plus importante, provoquant de l'hypertension.

Plusieurs autres médicaments peuvent aussi faire grimper la pression artérielle chez certaines personnes, tant certains produits pharmaceutiques en vente libre, donc sans ordonnance, comme un médicament contre le rhume, un décongestionnant nasal, un anorexiant ou modérateur de l'appétit et un anti-inflammatoire non stéroïdien, que les médicaments sur ordonnance comme les stéroïdes, les antidépresseurs tricycliques, la cyclosporine et l'érythropoïétine.

Drogues illicites. Les drogues illicites, comme la cocaïne et les amphétamines, peuvent causer l'hypertension en endommageant le muscle cardiaque, en rétrécissant les artères transportant le sang au cœur ou en augmentant la fréquence cardiaque.

Prévention

Il est souvent possible de prévenir l'hypertension. On fait actuellement des efforts plus grands au sein de la communauté médicale tant pour prévenir la maladie que pour la traiter. Ils visent principalement les gens qui ont une pression artérielle limite ou normale élevée.

Pendant des années, aussi longtemps que votre pression artérielle était sous la limite ou à la limite, on la disait normale. Ce n'est plus vrai. Aujourd'hui, les médecins savent qu'une pression artérielle normale élevée évolue souvent vers l'hypertension. Ils ont découvert que même une pression artérielle normale élevée peut aggraver le risque d'une maladie cardiovasculaire.

Une pression artérielle normale élevée est une pression systolique se situant entre 130 et 139 mm Hg, une pression diastolique se situant entre 85 et 89 mm Hg, ou les deux. Si votre pression artérielle se situe à ces niveaux, vous devriez prendre les mesures qui s'imposent pour l'abaisser à un niveau normal, ou mieux, à un niveau optimal (voir page 18).

Vous pouvez réduire votre pression artérielle en éliminant ou en modifiant les facteurs de risque que vous pouvez contrôler. Ceci peut vouloir dire:
- perdre du poids, si vous avez un surplus de masse
- augmenter votre activité physique
- manger plus sainement
- cesser de fumer
- diminuer votre consommation d'alcool.

Pourquoi agir maintenant?

Vous pouvez vous demander pourquoi il est si important de prévenir l'hypertension. Pourquoi ne pas attendre tout simplement qu'elle évolue et la traiter à ce moment-là?

Il est vrai que la plupart des personnes à risque ne changent pas leurs habitudes avant que leur pression artérielle devienne trop élevée. Cependant, plusieurs raisons expliquent pourquoi il est préférable d'agir plus tôt que plus tard.

Meilleures chances. Généralement, plus on tente de changer ses habitudes tôt dans la vie, meilleures sont les chances d'y parvenir. Plus une habitude malsaine dure longtemps, plus il est difficile de la changer.

Risques réduits. Même s'il est possible de contrôler votre hypertension une fois que la maladie s'est déclarée, vos risques d'une crise cardiaque ou d'un accident vasculaire cérébral demeurent toujours plus élevés que ceux des gens qui ne font pas d'hypertension.

Difficultés de contrôle. Gérer l'hypertension n'est pas toujours facile. Environ seulement le quart des personnes qui font de l'hypertension arrivent à la contrôler.

Effets secondaires. Les médicaments pour traiter l'hypertension occasionnent parfois des effets non désirables, comme de la fatigue, des maux de tête, de la constipation, une toux agaçante et une perte d'appétit sexuel.

Résumé

Concepts clés à retenir dans ce chapitre:

- Il y a deux formes d'hypertension: l'hypertension essentielle ou primaire et l'hypertension secondaire. L'hypertension essentielle est plus répandue et sa cause est inconnue. L'hypertension secondaire est causée par une pathologie ou un état sous-jacent. Cette dernière forme d'hypertension peut souvent être guérie.

- Certains caractères génétiques ou certains facteurs reliés au mode de vie augmentent vos risques de développer l'hypertension. Habituellement, plus vous présentez de facteurs, plus le risque est grand.

- Vous pouvez peut-être prévenir l'hypertension en éliminant ou en modifiant les facteurs de risque que vous pouvez changer.

- Si vous avez une pression artérielle limite ou normale élevée, l'abaisser à un niveau normal ou optimal peut vous empêcher de développer l'hypertension.

Chapitre 3

Diagnostic
et traitement

C ontrairement à plusieurs autres pathologies, il est très rare que l'hypertension artérielle présente des signes ou symptômes pour vous avertir que quelque chose ne va pas. La plupart des gens faisant de l'hypertension semblent vraiment bien et se sentent bien.

C'est la raison pour laquelle il est important de faire vérifier sa pression artérielle au moins tous les deux ans. Si on ne le fait pas, on risque de vivre avec une pression artérielle élevée durant des années, et l'ignorer.

C'est au cours d'une visite médicale routinière que la plupart des gens découvrent qu'ils ont une pression artérielle trop élevée. Fort heureusement, diagnostiquer l'hypertension est un processus relativement simple et facile. Il implique des vérifications périodiques de la pression artérielle pendant quelques semaines ou quelques mois pour vérifier si elle demeure élevée.

Le médecin vous pose aussi quelques questions sur votre santé et celle de votre famille, procède à un examen physique et vous incite à subir des tests de routine. Ces étapes sont nécessaires pour s'assurer que les organes n'ont pas été endommagés et pour prévenir des problèmes de santé additionnels reliés à l'hypertension. Les antécédents familiaux, les résultats de l'examen et des tests sont importants pour décider du meilleur traitement.

Pour abaisser et contrôler l'hypertension, il y a deux moyens: les changements des habitudes de vie et la médication. La nécessité de prendre une médication dépend du stade de la pression artérielle, des risques pour d'autres problèmes de santé et des lésions possibles causées aux organes par la maladie.

Mesurer la pression artérielle

Déterminer la pression artérielle est une procédure assez facile. Voici comment on la mesure.

Le sphygmomanomètre est l'appareil utilisé pour mesurer la pression artérielle. Il comporte un brassard gonflable attaché à une pompe à air et une colonne de mercure ou jauge de pression standardisée.

Durant une prise de pression, le brassard est enroulé autour de la partie supérieure du bras. De l'air est ensuite pompé dans le brassard en pressant sur la poire de la pompe à air. Le brassard est gonflé jusqu'à ce qu'il atteigne une pression bien supérieure à la pression systolique, le chiffre du haut. Ceci a pour effet d'affaisser la principale artère du bras, l'artère brachiale, et d'arrêter l'afflux sanguin dans l'avant-bras et la main. Lorsque l'artère est affaissée, aucun son n'est entendu dans le stéthoscope placé sur l'artère, juste sous le brassard.

L'air est ensuite lentement expulsé du brassard, réduisant graduellement la pression sur l'artère. Dès que la pression dans le brassard est égale à la pression systolique, le sang recommence à circuler dans l'artère. Il produit un son assez fort pour être entendu à l'aide d'un stéthoscope. Le chiffre indiqué sur la colonne de mercure ou sur la jauge de pression et qui coïncide avec le moment où on peut entendre le retour de l'afflux sanguin représente la pression systolique.

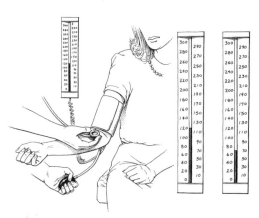

La lecture d'une colonne de mercure ou d'une jauge de pression au moment où on peut entendre le premier battement de votre cœur indique la pression systolique. Le niveau de pression sur la colonne ou la jauge de pression au moment où on cesse d'entendre les battements de votre cœur indique la pression

Au fur et à mesure que l'air est expulsé du brassard, la pression sur l'artère brachiale diminue. Lorsque l'artère est de nouveau tout à fait libre, le son devient inaudible. Le chiffre indiqué sur la colonne de mercure ou la jauge de pression et qui coïncide avec le moment où le son disparaît est équivalent à la pression diastolique, soit le chiffre le plus bas.

Les sphygmomanomètres électroniques plus récents fonctionnent de façon semblable, mais ils comportent un moniteur entièrement automatisé. Ils gonflent et dégonflent le brassard, détectent les pressions systolique et diastolique et affichent les mesures sur un écran digital. On parle plus en détail de ces appareils au Chapitre 12, page 180).

Une fausse lecture

Parfois, une mesure de pression artérielle peut produire de fausses lectures trop élevées. Ceci se produit le plus souvent chez les gens plus âgés dont les artères endommagées sont très rigides. Bien que plusieurs personnes avec des artères rigides aient une pression artérielle élevée, il se peut qu'elle ne soit pas aussi élevée que les lectures l'indiquent.

Une fausse lecture se produit parce que des artères rigides sont difficiles à comprimer. Lors d'une prise de pression, le brassard peut ne pas comprimer adéquatement l'artère brachiale, la principale artère du bras, avant que le brassard ait été gonflé à un niveau bien supérieur à la pression systolique. Lorsque la pression est diminuée dans le brassard, la rigidité fait ouvrir l'artère plus rapidement qu'elle ne le devrait. En conséquence, la lecture de la pression artérielle ne reflète pas véritablement la pression à l'intérieur des artères.

Le médecin peut souvent déterminer une telle condition appelée pseudohypertension par la palpation de l'avant-bras. Normalement, lorsque le brassard d'un appareil à pression comprime l'artère brachiale et la fait s'affaisser, les artères de l'avant-bras, en-dessous du brassard, s'affaissent aussi et on ne peut les sentir. Mais chez les personnes aux artères très rigides, les vaisseaux de l'avant-bras demeurent ouverts et peuvent être sentis même si le sang n'y circule pas.

Pour obtenir une mesure exacte de la pression artérielle, il se peut que l'on doive mesurer la pression dans les artères en y introduisant une aiguille.

Connaître le diagnostic

Une lecture de 140/90 mm Hg est jugée comme étant une pression artérielle élevée. Mais une seule lecture de 140/90 mm Hg ne suffit pas pour diagnostiquer l'hypertension. Environ 35 pour cent des personnes présentant une hypertension lors d'une seule lecture ne font pas d'hypertension lorsque leur pression artérielle est mesurée de nouveau. Ce n'est que lorsque la lecture est extrêmement élevée – une pression systolique de 210 mm Hg ou plus ou une pression diastolique de 120 mm Hg ou plus – qu'un diagnostic est rendu après une seule mesure.

De façon générale, un diagnostic d'hypertension n'est rendu qu'après au moins trois visites chez le médecin. La pression artérielle est mesurée deux ou trois fois à chaque visite, pour un total d'au moins six lectures. Si les lectures indiquent constamment une pression artérielle de 140/90 mm Hg ou plus, il y a hypertension.

À plus de 65 ans, il est indiqué de ne pas fumer, prendre un gros repas ou boire de la caféine ou de l'alcool au cours des 30 minutes précédant la prise de la pression artérielle. Tous ces facteurs peuvent temporairement augmenter la pression artérielle. Il faut également prévoir assez de temps pour se rendre au rendez-vous. Se hâter pour arriver à temps ou chercher désespérément une place de stationnement peut causer du stress, ce qui peut augmenter temporairement la pression artérielle. Avant de faire mesurer sa pression artérielle, il est bon de s'asseoir calmement pendant quelques minutes et d'essayer de se détendre.

Enfin, pendant qu'on mesure votre pression artérielle, ne parlez pas. Parler complique le travail de la personne qui la mesure, car elle a alors de la difficulté à entendre le son du battement de votre cœur.

Obtenir une évaluation

Entre la première visite au cours de laquelle la pression artérielle était élevée et un diagnostic d'hypertension, le médecin désirera connaître les antécédents familiaux, procéder à un examen physique et faire passer quelques tests.

Ces trois composantes peuvent lui fournir des réponses sur des points importants concernant le traitement et les risques de futurs problèmes de santé, comme:

- Est-ce que l'hypertension a endommagé un ou plusieurs organes?
- Est-ce qu'il s'agit d'une hypertension essentielle ou d'une hypertension secondaire? Bien que l'hypertension secondaire soit plus rare, il est important d'éliminer toutes causes possibles.
- Est-ce que d'autres facteurs de risque augmentent les chances de subir une crise cardiaque ou un accident vasculaire cérébral, comme le tabagisme, une vie inactive, un cholestérol élevé ou le diabète?

S'il l'hypertension est évidente, ces étapes de l'évaluation peuvent contribuer à confirmer le diagnostic.

Antécédents familiaux

Les antécédents familiaux peuvent indiquer qu'un certain facteur ou un certain événement a déclenché la hausse de la pression artérielle. L'information sur les antécédents peut aussi aider le médecin à estimer le risque d'autres conditions médicales.

Lors d'une évaluation, préparez-vous à répondre aux questions concernant:

- des lectures de pression artérielle précédentes
- des antécédents indiquant des problèmes cardiaques ou rénaux, un cholestérol élevé, un diabète, un sommeil agité ou une somnolence durant la journée causée par une apnée du sommeil
- des antécédents familiaux d'hypertension, de crise cardiaque, d'accident vasculaire cérébral, d'insuffisance rénale, de diabète, de cholestérol élevé ou de mort prématurée
- des symptômes suggérant une hypertension secondaire, comme des bouffées de rougeur, des battements cardiaques rapides, une intolérance à la chaleur ou une perte inexpliquée de poids
- l'abus d'alcool
- le tabagisme

S'agit-il d'une hypertension de «sarrau»?

Consciemment ou non, certaines personnes deviennent anxieuses lors de la mesure de leur pression artérielle. Ces personnes ne font peut-être pas d'hypertension en d'autres temps, mais lorsque leur pression artérielle est mesurée dans un environnement médical, elle est toujours élevée. Cet état, appelé hypertension de «sarrau», est assez commun.

Si votre médecin suspecte que votre hypertension est une hypertension de «sarrau», vous devrez peut-être mesurer votre pression artérielle à la maison et conserver un relevé de vos lectures. Il est également possible qu'il recommande l'utilisation d'un moniteur portable qui mesure la pression artérielle périodiquement au cours de la journée, pendant que vous vaquez à vos occupations normales. Ces deux méthodes fournissent généralement une évaluation plus réaliste et plus exacte de la pression artérielle.

Les appareils automatiques qui mesurent la pression artérielle dans les magasins ou les centres commerciaux ne sont pas recommandés. Ils sont habituellement exacts au moment de leur installation, mais peuvent perdre leur exactitude s'ils ne sont pas calibrés assez souvent ou s'ils sont mal manipulés.

Une question importante relativement à l'hypertension de «sarrau» consiste à découvrir si la hausse de pression artérielle n'existe qu'au moment des rendez-vous médicaux, ou si elle se produit chaque fois qu'une personne est anxieuse ou stressée. Jusqu'à maintenant, la plupart des études ont démontré que cet état se présente principalement dans un environnement médical. Les gens qui font de l'hypertension de «sarrau» répondent généralement à d'autres stress comme toute autre personne dont la pression artérielle est normale.

L'hypertension de «sarrau» n'exige habituellement pas de médication. Toutefois, le médecin pourrait recommander des ajustements dans le mode de vie comme contrôler le poids, faire plus d'exercice et se nourrir plus sainement. Il est aussi bon de voir son médecin périodiquement pour surveiller si des changements dans l'état de santé ou la pression artérielle pourraient indiquer une évolution de l'hypertension de «sarrau» vers une hypertension persistante.

...à être accessible à tous, médecins ou non!

■ Une information à l'affût des connaissances médicales actuelles, englobant les derniers sujets médicaux de l'heure, les résultats des recherches en cours, les technologies de pointe et les nouvelles découvertes faites dans le domaine de la santé.

■ Une revue prestigieuse émanant de la Clinique Mayo des États-Unis, publiée à l'origine en anglais sous l'appellation *Mayo Clinic Health Letter* (avec plus de 600 000 abonnés à travers le monde), puis condensée, traduite et adaptée par la Fondation du CHUM.

■ Des renseignements pertinents, car les médecins du CHUM s'assurent de la véracité et de l'importance de l'information pour la population québécoise.

■ Un bulletin d'une objectivité maximale, sans aucune publicité commerciale de médicaments, de produits commerciaux ou d'institutions de santé.

...tachement discuter avec leurs patients.

■ Six numéros par année, comprenant seize pages chacun.

Pas besoin d'être médecin pour comprendre le Point Santé!

De plus en plus de gens agissent de façon responsable vis-à-vis leur santé et sont intéressés à conserver la qualité de vie que cette attitude procure. La santé, ça touche chacun d'entre vous, personnellement. Les articles du Point Santé sont rédigés de façon à vous tenir au courant des nouvelles connaissances dans le domaine de la santé et à vous faire comprendre les sujets plus complexes. Le Point Santé est un outil important pour tous... profitez-en ! ❑

Lisez attentivement cet encart et découvrez les bénéfices d'un abonnement au Point Santé.

Abonnez-vous dès aujourd'hui en remplissant le formulaire à l'intérieur.

■ Publié six fois par année et disponible par abonnement seulement.

■ Chaque numéro contient 16 pages

- des changements de poids
- le niveau d'activité
- la diète et l'utilisation du sel (sodium)
- le stress à la maison ou au travail
- les médicaments pris actuellement ou antérieurement pour l'hypertension.

Assurez-vous de bien énumérer à votre médecin toutes les drogues que vous prenez – tant les médicaments sur ordonnance que les médicaments sans ordonnance – tant les drogues illicites

Lectures jour et nuit

À certains moments, l'hypertension peut être difficile à diagnostiquer. Si le médecin doute de l'hypertension, ou s'il a des hésitations quant à sa sévérité, vous devrez peut être accepter un moniteur portable.

La procédure consiste à installer et à garder sur soi pendant 24 heures un appareil à pression portable. Cet appareil se compose d'un brassard qui s'ajuste autour du bras et d'un petit moniteur attaché à la ceinture ou aux vêtements. De minces tubes relient le moniteur et le brassard. Ces tubes peuvent être fixés à la peau avec du ruban gommé pour éviter qu'ils se débranchent.

Le moniteur est programmé pour prendre la pression artérielle environ toutes les 10 à 30 minutes durant une période de 6 à 24 heures. L'appareil est entièrement automatique. Il gonfle le brassard, le dégonfle et mémorise les lectures.

Vous pourriez devoir porter un tel moniteur si vous faites de l'hypertension de «sarrau» ou, qu'au contraire, vous présentez certains symptômes de complications dues à l'hypertension avec lectures de pression artérielle normales lors d'examens médicaux. Le moniteur portable peut aussi être utile si votre pression artérielle fluctue énormément, ou si vous ne répondez que peu ou pas à la médication pour l'hypertension.

Tenir un journal donnant la liste de vos activités quotidiennes, l'heure à laquelle vous les faites et toutes les périodes de stress, d'émotions fortes et de douleur peut également aider. En comparant les entrées du journal aux lectures de pression, votre médecin peut découvrir si certains événements ou facteurs de vie sont reliés aux fluctuations de votre pression artérielle.

que les produits alternatifs, comme les suppléments herbacés ou nutritionnels.

Plusieurs médicaments, qu'ils soient vendus avec ou sans ordonnance, peuvent augmenter la pression artérielle, y compris un anorexigène, un décongestionnant nasal ou des sinus, un médicament contre l'allergie. La cocaïne et les amphétamines font aussi grimper la pression artérielle. De plus, parce que plusieurs produits alternatifs n'ont pas été testés à fond afin de déterminer leur effet sur la santé, il est important d'avertir le médecin si vous prenez un tel produit, au cas où ce dernier aurait un effet sur la pression artérielle.

Mentionner à votre médecin toutes les drogues que vous prenez contribue aussi à prévenir des interactions dangereuses s'il devait vous prescrire une médication pour l'hypertension. Certains médicaments pour l'hypertension s'associent mal à d'autres. L'interaction médicamenteuse est traitée plus à fond au Chapitre 12, page 186).

Examen physique

Au cours de l'examen physique, le médecin cherche les signes d'une lésion possible à un organe. Il vérifie aussi les anomalies susceptibles de causer une augmentation de la pression artérielle:

Vaisseaux oculaires rétrécis avec ou sans petites hémorragies. Une lésion aux vaisseaux sanguins de l'œil indique souvent que d'autres vaisseaux sanguins dans le corps sont aussi endommagés.

Anomalies cardiaques. Un rythme cardiaque rapide, un cœur grossi ou hypertrophié, un rythme anormal, un claquement ou un souffle peuvent indiquer une maladie cardiaque possible.

Bruits circulatoires. Lorsqu'un vaisseau sanguin est rétréci, il crée une turbulence de la circulation sanguine qui peut s'entendre au stéthoscope. Cette turbulence, appelée bruit circulatoire, se présente le plus souvent dans les carotides, les artères du cou, et dans les principales artères abdominales.

Hypertrophie des reins ou de la thyroïde. Une telle hypertrophie indique que votre hypertension peut être causée par une autre condition.

Anévrisme aortique. Palpable lors de l'examen de l'abdomen, un stéthoscope peut aussi capter le bruit de la circulation saccadée du sang dans le vaisseau sanguin affaibli et ballonné.

Pouls faible. Un pouls faible dans l'aine, la partie inférieure de la jambe et les chevilles peut indiquer une lésion artérielle.

Pression artérielle réduite dans les chevilles. Il se peut que ce soit le résultat de vaisseaux sanguins rétrécis ou endommagés dans les jambes.

Œdème (enflure). L'accumulation de liquide dans la partie inférieure des jambes et les chevilles est un symptôme habituel d'insuffisance cardiaque ou d'insuffisance rénale.

Chute de pression en position debout. Elle peut contribuer à identifier une hypotension posturale ou risque d'évanouissement ou d'étourdissement en position debout, un effet secondaire de certains médicaments pour l'hypertension.

Tests de routine

Il est nécessaire de faire les tests suivants pour diagnostiquer l'hypertension:

Analyse des urines. La présence de protéines ou de globules rouges dans l'urine peut indiquer un dommage rénal. La présence d'une forme de protéine dans l'urine, la microalbuminurie, peut aussi signaler un début de maladie rénale.

De plus, l'urine peut être testée pour la présence de sucre ou glucose résultant du diabète. Le diabète peut rendre le contrôle de l'hypertension plus difficile.

Biochimie sanguine. Les quantités de sodium et de potassium dans le sang sont mesurées. Le sang est aussi testé pour connaître le taux de certaines substances chimiques, comme la créatinine, ce qui peut indiquer une lésion rénale.

D'autres tests de sang habituels comprennent la mesure des cellules graisseuses contenant du cholestérol, le profil lipidique. Plus le cholestérol total dans le sang est élevé et le taux de lipo-protéines de haute densité ou «bon» cholestérol est faible, plus grand est le risque cardiovasculaire. La quantité de sucre dans le sang est aussi mesurée pour vérifier le diabète.

Numération globulaire. Ce test détermine si le compte de globules blancs ou rouges est anormal. Son principal objectif est de s'assurer qu'il n'y a pas d'autres maladies ignorées, comme par exemple l'anémie, qui est une faible numération de globules rouges.

Électrocardiogramme. L'activité électrique du cœur est enregistrée pour vérifier les anomalies de rythme ou les indications d'hypertrophie du cœur, de lésion cardiaque ou d'un apport inadéquat de sang au muscle cardiaque.

Tests additionnels

Si l'examen physique et les résultats du laboratoire sont normaux, il n'y aura probablement pas de tests additionnels. Cependant ils peuvent être nécessaires en cas de:

- apparition soudaine d'hypertension ou augmentation brusque de la pression artérielle habituelle
- pression artérielle très élevée (180 ou plus / 110 ou plus mm Hg)
- faible niveau de potassium dans le sang
- bruit circulatoire dans une artère
- évidence de problèmes rénaux
- évidence de problèmes cardiaques
- possibilité d'un anévrisme de l'aorte abdominale.

Selon la condition, d'autres analyses de sang et d'urine pourraient être nécessaires.

Si des artères rétrécies interrompent la circulation sanguine, ces test peuvent les localiser et identifier leur sévérité:

Échographie. Procédé qui utilise des sons à haute fréquence pour vérifier le flux sanguin dans une artère. Souvent, on utilise aussi l'échographie ultrasonique pour identifier des anomalies ou malformations précises du cœur ou d'une artère.

Angiographie par résonance magnétique. Procédé qui utilise l'énergie crée par des aimants puissants pour voir le flux sanguin dans une artère.

Angiographie. Procédé qui nécessite l'injection d'une substance visible aux rayons X dans les artères pour ensuite faire des radiographies de certaines artères précises.

Si le médecin soupçonne un rein rétréci ou ischémique, un anévrisme de l'aorte abdominale ou une tumeur, comme une tumeur aux glandes surrénales, des test additionnels pourraient comprendre une échographie ou un des test suivants:

Tomographie (CT scan). Les tomographies sont des radiographies reconstruites et assistées par ordinateur.

Imagerie par résonance magnétique. Procédé assez semblable à l'angiographie par résonance magnétique, mais qui cible un région ou un organe différent du corps.

Scintigraphie. Procédé nécessitant l'injection de radio-isotopes dans une veine pour ensuite obtenir des images nucléaires d'un endroit précis du corps lorsque la substance radioactive passe ou s'y accumule. La scintigraphie nucléaire est utilisée pour surveiller la circulation sanguine, déterminer la taille d'un organe ou vérifier son fonctionnement.

Décider d'un traitement

Le traitement de l'hypertension varie avec les individus. Un type de traitement auquel une personne répond bien peut ne pas fonctionner chez une autre personne. La façon de traiter l'hypertension dépend du stade de la pression artérielle et des résultats de l'examen physique, des tests de laboratoire et des antécédents familiaux.

Fondamentalement, on utilise deux moyens pour réduire l'hypertension: changements des habitudes de vie et médication. Selon l'état de santé et les facteurs de risque, les changements des habitudes de vie peuvent inclure une perte de poids, une plus grande activité, une saine alimentation, une réduction du sodium, l'élimination de la cigarette et le contrôle du stress.

Quant à la médication, il existe plusieurs médicaments qui agissent de différentes façons sur la pression artérielle. C'est pourquoi il est important de ne pas partager ou échanger ses médicaments pour l'hypertension avec une autre personne. Ce qui est bon pour un individu ne convient pas nécessairement à un autre.

Recommandations récentes

Le National Heart, Lung, and Blood Institute, une division du National Institutes of Health, publie périodiquement des rapports sur la prévention, le dépistage, l'évaluation et le traitement de l'hypertension.

Le rapport paru en novembre 1997, divise les gens hypertendus en trois groupes à risque – A, B et C – et recommande un traitement pour chacun des groupes. Le risque est déterminé selon le stade de l'hypertension, les lésions aux organes internes, la présence d'une maladie cardiovasculaire et les facteurs qui augmentent le risque d'une maladie cardiovasculaire.

Le rapport comporte aussi des recommandations pour les cas de pression artérielle limite ou normale élevée. Si vous avez une pression artérielle normale élevée et que vous ne l'abaissez pas à un niveau normal, elle a de fortes chances d'évoluer vers l'hypertension.

Groupe à risque A. Vous êtes dans ce groupe si vous avez une pression artérielle normale élevée ou faites une hypertension mais n'avez ni dommage à un organe, ni maladie cardiovasculaire ou autre facteur de risque cardiovasculaire, comme le tabagisme ou un cholestérol élevé.

Si votre pression artérielle est dans la catégorie normale élevée, le traitement recommandé est un changement des habitudes de vie afin d'abaisser votre pression artérielle à un niveau normal ou optimal.

Si vous avez une hypertension de stade 1, des changements des habitudes de vie sont aussi recommandés. Mais si après une période d'un an, ces changements n'abaissent pas votre pression artérielle à un niveau normal ou optimal, vous devrez peut-être suivre une médication.

Si votre hypertension est de stades 2 ou 3, le traitement initial devrait inclure une médication, en plus des changements des habitudes de vie.

Groupe à risque B. La plupart des gens faisant de l'hypertension sont dans ce groupe. Il comprend des personnes qui n'ont ni dommage à un organe, ni maladie cardiovasculaire, mais présente un ou plusieurs facteurs de risque cardiovasculaires, à l'exception du diabète.

Si vous avez une pression artérielle normale élevée, des changements des habitudes de vie sont recommandés.

Si vous avez une hypertension de stade 1, des changements des habitudes de vie sont une première nécessité. Si après une période de 6 mois, ces changements n'abaissent pas votre pression artérielle, vous devrez peut-être suivre une médication. Si vous avez plusieurs facteurs de risque, votre médecin pourrait vous prescrire des médicaments immédiatement, en plus des changements des habitudes de vie.

Recommandations pour le traitement

Stades de l'hypertension (mm Hg)	Groupe à risque A	Groupe à risque B	Groupe à risque C
Normale élevée (130-139 / 85-89)	Changements des habitudes de vie	Changements des habitudes de vie	Médication* Changements des habitudes de vie
Stade 1 (140-159 / 90-99)	Changements des habitudes de vie (jusqu'à 12 mois)	Changements des habitudes de vie† (jusqu'à 6 mois)	Médication Changements des habitudes de vie
Stades 2 et 3 (= 160/ = 100)	Médication Changements des habitudes de vie	Médication Changements des habitudes de vie	Médication Changements des habitudes de vie

* Pour les personnes atteintes d'insuffisance cardiaque, d'insuffisance rénale ou de diabète

† Si plusieurs facteurs de risque sont présents, le médecin pourrait considérer une médication comme traitement initial plus des changements des habitudes de vie.

Principaux facteurs de risque pouvant affecter le traitement	Dommage à un organe ou maladie qui peuvent affecter le traitement
Tabagisme	Cardiopathie
Niveaux indésirables de lipides ou corps gras dans le sang	Hypertrophie ventriculaire gauche
Diabète	Antécédent de crise cardiaque ou angine
	Antécédent de pontage coronarien ou angioplastie
Âge: 60 ans et plus	Insuffisance cardiaque
Homme ou femme ménopausée	Accident vasculaire cérébral ou accidents
Antécédents familiaux de maladie	cardiovasculaire ischémiques
	transitoires (mini accidents)
	Insuffisance rénale
	Lésions artérielles périphériques
	Lésions rétiniennes

Modifié du National Institutes of Health. Sixth Report of the Joint National Committee on the Prevention, Detection, Evaluation and Treatment of High Blood Pressure, 1997. (6ième rapport sur la prévention, le dépistage, l'évaluation et le traitement de l'hypertension)

Si votre hypertension est de stades 2 ou 3, le traitement initial devrait inclure les deux, une médication et des changements des habitudes de vie.

Groupe à risque C. Ce groupe englobe les personnes présentant le plus grand risque de crise cardiaque, d'accident vasculaire cérébral et autres problèmes reliés à l'hypertension. Vous êtes classé dans ce groupe si vous avez une maladie cardiovasculaire, un organe endommagé, le diabète ou une combinaison de ces problèmes.

Une médication et des changements des habitudes de vie sont la thérapie recommandée aux gens de ce groupe. Même si votre pression artérielle n'est que normale élevée, si vous avez une maladie rénale, une insuffisance cardiaque ou le diabète, vous devriez prendre des médicaments.

Idée fausse très répandue

Plusieurs personnes prenant des médicaments pour l'hypertension croient qu'il est futile de modifier leurs habitudes de vie pour régler le problème parce que leur médication s'en charge. Ce n'est pas vrai.

Parfois, la médication peut abaisser la pression artérielle, mais seulement jusqu'à un certain point. Et cette diminution peut n'être pas suffisante pour que la pression artérielle descende à un niveau normal ou optimal. Cependant, ajoutés à la médication, les changements des habitudes de vie peuvent aider à y parvenir.

Si la pression artérielle est normale, les changements des habitudes de vie peuvent contribuer à réduire la quantité de médicaments à prendre chaque jour. De plus, si la médication provoque des effets secondaires, réduire la quantité des médicaments à prendre chaque jour peut réduire les effets non désirables. Avec l'aide de leur médecin, certaines personnes ayant changé considérablement leur comportement ou leurs habitudes de vie ont même pu cesser toute médication.

Finalement, changer ses habitudes de vie est important pour toute personne hypertendue parce que cela peut contribuer à réduire le risque de futurs problèmes de santé, y compris l'accident vasculaire cérébral, la crise cardiaque, la défaillance cardiaque et la défaillance rénale.

Des chiffres variables

Depuis 1972, époque vers laquelle on a entamé une campagne intensive d'éducation, l'amélioration a été constante dans la sensibilisation, le traitement et le contrôle de l'hypertension. D'autre part, la mortalité et les incapacités causées par la maladie ont chuté considérablement. Les décès résultant d'un accident vasculaire cérébral ont diminué de près de 60 pour cent, et ceux résultant d'une crise cardiaque de plus de 50 pour cent.

Mais au cours des années 1990, ces améliorations spectaculaires ont ralenti et les chiffres ont même commencé à diminuer au lieu d'augmenter. Les plus récents résultats du National Health and Nutrition Examination Survey (NHANES) indiquent un faible déclin dans les trois catégories: sensibilisation à l'hypertension, traitement et contrôle.

	NHANES II, 1976-80	NHANES III (phase 1), 1988-91	NHANES III (phase 2), 1991-94
Sensibilisation	51%	73%	68,4%
Traitement	31%	55%	53,6%
Contrôle*	10%	29%	27,4%

* Pression systolique de moins de 140 mm Hg et pression diastolique de moins de 90 mm Hg.
Note: Données concernant les adultes âgés de 18 à 74 ans ayant une pression systolique de 140 mm Hg ou plus ou une pression diastolique de 90 mm Hg ou plus, ou prenant des médicaments pour l'hypertension.
Du National Institutes of Health. Sixth Report of the Joint National Committee on the Prevention, Detection, Evaluation and Treatment of High Blood Pressure, 1997. (6ième rapport sur la prévention, le dépistage, l'évaluation et le traitement de l'hypertension)

La raison de ce déclin global est inconnue. Une augmentation de l'obésité dans les pays occidentaux est considérée comme étant un facteur. Un autre peut être la complaisance. Des pressions artérielles au-dessus de la normale sont peut-être trop souvent considérées comme étant «assez près de…» ou tolérables, tant par les médecins que par les patients.

Être un partenaire actif

Il faut un travail d'équipe pour mener à bien le traitement de l'hypertension. Le médecin ne peut y parvenir seul, le patient non plus. Ils doivent travailler de concert pour abaisser et maintenir la pression artérielle à un niveau sécuritaire.

Toutefois, même s'il s'agit d'un travail d'équipe, on peut assumer en grande partie la responsabilité du contrôle de la pression artérielle. Changer votre mode de vie en perdant du poids, en devenant plus actif et en mangeant plus sainement est une étape importante de ce contrôle. La personne hypertendue a également la responsabilité de prendre ses médicaments correctement et régulièrement.

Rappelez-vous qu'il est possible de vivre longtemps et en bonne santé avec l'hypertension. Cependant, pour y arriver, vous devez reconnaître que l'hypertension est une condition sérieuse et que vous devez vous impliquer dans son traitement.

Résumé

Concepts clés à retenir dans ce chapitre:

- Un diagnostic d'hypertension est habituellement rendu après que trois visites chez le médecin aient démontré la persistance d'une pression systolique élevée, d'un pression diastolique élevée, ou les deux.
- Les tests de routine, l'examen physique et les antécédents familiaux sont les composantes habituelles du processus de diagnostic de l'hypertension.
- Le traitement approprié de l'hypertension dépend du stade de la maladie, des lésions aux organes, des facteurs de risque cardiovasculaires et autres maladies.
- Les deux méthodes pour abaisser la pression artérielle sont les changements des habitudes de vie et la médication.
- Même avec une médication, changer son mode de vie est essentiel pour contrôler l'hypertension.
- Les taux relatifs à la sensibilisation, au traitement et au contrôle de l'hypertension ont diminué légèrement au cours des dernières années.

Chapitre 4

Contrôle de la masse corporelle

Poids et pression artérielle sont étroitement liés. Lorsque votre poids s'élève, souvent votre pression artérielle s'élève aussi. Si l'on considère que de plus en plus de personnes sont obèses, il n'est pas surprenant que le poids soit devenu un facteur majeur du développement de l'hypertension. Si une personne a un surplus de masse corporelle, son risque de développer l'hypertension est de deux à six fois plus grand que si elle avait un poids-santé.

Fort heureusement, tout comme la pression artérielle peut s'élever si quelqu'un prend du poids, elle baisse habituellement lorsqu'il en perd. Un des meilleurs moyens d'abaisser la pression artérielle est de perdre du poids. Se délester de seulement quelques kilos constitue un avantage appréciable pour la pression artérielle.

Une variété de programmes, formules et diètes promettent aux gens de maigrir. Toutefois, une perte de poids lente et régulière, basée sur une alimentation saine et une activité physique régulière, constitue la meilleure méthode d'amaigrissement.

Poids et pression artérielle

Un surplus de masse corporelle ne garantit aucunement qu'une personne fera de l'hypertension, car même avec de l'embonpoint la pression artérielle peut être normale. Toutefois, elle augmente considérablement le niveau de risque.

Une étude de 1998 auprès de 82 000 femmes a démontré que comparativement à celles qui n'avaient pas engraissé après l'âge de 18 ans, les participantes qui avaient gagné de 5 à 10 kilos au cours de leur vie adulte avaient augmenté de 70% leur risque d'hypertension. Chez les femmes qui avaient pris plus de 10 kilos, le risque était encore plus élevé. Bien que cette étude n'ait pas englobé les hommes, d'autres études les incluant ont également démontré qu'un surplus de masse corporelle augmentait le risque d'hypertension.

Où est le lien? Lorsqu'un individu prend du poids, il ne gagne pratiquement que du tissu graisseux. Comme tous les autres éléments du corps, ce tissu compte sur l'oxygène et les éléments nutritifs du sang pour survivre. En conséquence, la demande en oxygène et en éléments nutritifs augmentant, la masse de sang circulant dans le corps augmente aussi. Un volume accru dans les artères signifie une pression accrue sur les parois artérielles.

La pression artérielle s'élève aussi chez les gens trop lourds parce que le gain de poids augmente habituellement le niveau d'insuline dans le sang. Cette augmentation de l'insuline est associée à une rétention d'eau et de sodium, ce qui augmente la masse sanguine.

De plus, le surplus de masse corporelle est souvent associé à une hausse de la fréquence cardiaque et à une baisse de la capacité des vaisseaux sanguins de transporter le sang. Ces deux facteurs peuvent aussi provoquer une élévation de la pression artérielle.

Cependant, cette même étude a démontré qu'un surplus de masse corporelle augmente le risque d'hypertension et que maigrir diminue le risque d'hypertension. Les femmes ayant perdu de 5 à 10 kilos avaient diminué leur risque de 15 pour cent. Celles ayant maigri de plus de 10 kilos l'avaient réduit de plus de 25 pour cent.

Si une personne est déjà hypertendue, maigrir peut contribuer à éviter la médication. Si elle est déjà sous médication, perdre du poids peut aider à contrôler la pression artérielle et peut-être réduire la quantité de médicaments à prendre chaque jour, parfois même les supprimer. Cependant, lorsque les médicaments ont été supprimés, le risque de rechute existe toujours. En conséquence, la pression artérielle doit être surveillée régulièrement.

Embonpoint ou obésité

La différence entre l'embonpoint et l'obésité est une question de degré. L'embonpoint se définit comme étant un indice de masse corporelle (IMC) de 25 à 29, l'obésité lorsque l'IMC est de 30 ou plus.

Peu signifie beaucoup

Il n'est pas nécessaire de perdre de nombreux kilos pour abaisser la pression artérielle. En perdre aussi peu que 4,5 peut suffire à abaisser la pression artérielle de normale élevée à normale, ou de stade 1 à normale élevée.

Se délester de seulement quelques kilos peut améliorer le taux de cholestérol et réduire le risque de crise cardiaque, d'accident vasculaire cérébral et de diabète.

Avec de l'embonpoint, perdre 4,5 kilos peut être un bon objectif. Après l'avoir atteint, tenter d'en perdre encore 4,5, s'il y a toujours des kilos en trop, est une bonne décision. Sur une période de quelques années, compte tenu du poids à perdre, ces 4,5 kilos en moins qui s'ajoutent aux autres déjà perdus peuvent améliorer sensiblement le poids et la santé.

L'indice de masse corporelle est une formule qui tient compte du poids et de la taille pour déterminer si le corps présente un pourcentage sain ou malsain de tissu adipeux. C'est un moyen plus adéquat de mesurer le risque que la masse corporelle représente pour la santé que de tout simplement utiliser le pèse-personne de la salle de bain ou les tables standard de tailles et de poids. Contrairement à ces tables standard, l'indice de masse corporelle ne tient pas compte du sexe.

Pour déterminer son indice de masse corporelle, il suffit de trouver sa taille dans le tableau de la page suivante et de suivre la ligne horizontale correspondante jusqu'au poids le plus rapproché du sien. Il faut regarder l'indice de masse corporelle apparaissant en tête de colonne. Si un poids est inférieur à celui qui en est le plus près, l'IMC est légèrement inférieur. Si le poids est plus élevé, l'IMC est légèrement supérieur. Un IMC se situant entre 19 et 24 est un poids-santé. Un IMC de 25 à 29 signifie qu'une personne a de l'embonpoint, et un IMC de 30 qu'elle est obèse.

Selon ces critères, plus de 50 pour cent des adultes occidentaux sont rondelets ou obèses, presque le tiers ayant des formes pleines et près du quart étant obèses. En moins de 40 ans, le pourcentage des individus faisant de l'embonpoint n'a augmenté que légèrement, mais le pourcentage des personnes obèses a quasiment doublé.

Indice de masse corporelle (IMC)

IMC	Poids-santé		Embonpoint					Obésité				
	19	24	25	26	27	28	29	30	35	40	45	50
Taille (mètres)						Poids en kilogrammes						
1,47	41,2	52,1	53,9	56,2	58,5	60,7	62,5	64,8	75,7	86,6	97,5	108,4
1,49	42,6	53,9	56,2	58,0	60,3	62,5	64,8	67,1	78,4	89,8	100,6	112,0
1,52	43,9	55,7	58,0	60,3	62,5	64,8	67,1	69,4	81,1	92,5	104,3	115,6
1,54	45,3	57,6	59,8	62,1	64,8	67,1	69,4	71,6	83,9	95,7	107,9	119,7
1,57	47,1	59,4	61,6	64,4	66,6	69,4	71,6	74,3	86,6	98,8	111,5	123,8
1,60	48,5	61,2	63,9	66,2	68,9	71,6	73,9	76,6	89,3	102,0	115,2	127,9
1,62	49,8	63,5	65,7	68,4	71,2	73,9	76,6	78,9	92,5	105,2	118,8	131,9
1,65	51,7	65,3	68,0	70,7	73,4	76,2	78,9	81,6	95,2	108,8	122,4	136,0
1,67	53,5	67,1	70,3	73,0	75,7	78,4	81,1	84,3	97,9	112,0	126,1	140,1
1,70	54,8	69,4	72,1	75,2	78,0	80,7	83,9	86,6	101,1	115,6	130,1	144,6
1,72	56,7	71,6	74,3	77,5	80,2	83,4	86,1	89,3	104,3	118,8	133,8	148,7
1,75	58,0	73,4	76,6	79,8	82,5	85,7	88,9	92,0	107,0	122,4	137,8	153,3
1,77	59,8	75,7	78,9	82,1	85,2	88,4	91,6	94,8	110,2	126,1	141,9	157,8
1,80	61,6	78,0	81,1	84,3	87,5	90,7	94,3	97,5	113,4	129,7	146,0	162,3
1,82	63,5	80,2	83,4	86,6	90,2	93,4	96,6	100,2	117,0	133,3	150,1	166,9
1,85	65,3	82,5	85,7	89,3	92,5	96,1	99,3	102,9	120,2	136,9	154,2	171,4
1,87	67,1	84,3	87,9	91,6	95,2	98,8	102,0	105,6	123,3	141,0	158,7	176,4
1,90	68,9	87,0	90,7	94,3	97,9	101,6	105,2	108,8	126,5	144,6	162,8	180,9
1,93	70,7	89,3	92,9	96,6	100,2	104,3	107,9	111,5	130,1	148,7	167,3	185,9

Modifié du National Institutes of Health Clinical Guidelines on the Identification, Evaluation, and Treatment of Overweight and Obesity in Adults, 1998 (tiré des recommandations de l'étude de 1998 du National Institutes sur l'identification, l'évaluation et le traitement de l'embonpoint et de l'obésité chez les adultes).

Habituellement, plus le poids est élevé, plus le risque pour la santé est important. En plus de présenter un risque d'hypertension, l'obésité augmente de façon significative le risque de diabète, de crise cardiaque, d'accident vasculaire cérébral et de certains cancers.

Poids-santé

Quel devrait être le poids-santé? Si on est hypertendu, ou à risque, il n'est pas impérieux de devenir «maigre». Il faut cependant tenter d'atteindre et de maintenir un poids qui améliore le contrôle de la pression artérielle, et qui diminue aussi le risque d'autres problèmes de santé.

Trois évaluations faciles à faire soi-même peuvent vous indiquer si un poids est sain ou s'il serait bénéfique de perdre quelques kilos.

Indice de masse corporelle

La première étape pour déterminer le poids-santé est de calculer l'indice de masse corporelle. On peut le faire en utilisant le tableau d'IMC de la page précédente.

Un IMC de 19 à 24 est souhaitable. Si l'IMC se situe entre 25 et 29, il y a embonpoint. On considère qu'une personne est obèse si l'IMC est de 30 ou plus. L'obésité extrême est un IMC de plus de 40.

Le risque de développer un maladie reliée au poids, comme l'hypertension, est accru si l'IMC est de 25 ou plus.

Le tour de taille

Dans l'ordre d'importance, cette mesure arrive bonne deuxième, juste après l'IMC. Elle indique à quel endroit du corps se situe la plus grande partie du tissu graisseux. On fait souvent référence à la forme des personnes dont le tissu graisseux se situe en majorité autour de la taille en la qualifiant de «forme pomme». Celle des gens dont le tissu graisseux se situe en majorité sous la taille, autour des hanches et des cuisses, est appelée «forme poire».

Habituellement, la «forme poire» est préférable à la «forme pomme». L'accumulation de tissu graisseux autour de la taille est associée à un risque accru d'hypertension, en plus du risque d'autres maladies comme par exemple: diabète, insuffisance coronarienne,

Ce n'est pas seulement le poids qui est important, mais aussi l'endroit où le corps emmagasine le tissu graisseux excédentaire. Chez deux personnes avec un même indice de masse corporelle, celle à la «forme pomme» présente un plus grand risque de problèmes pour la santé que l'autre à la «forme poire».

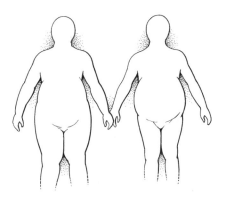

«Forme poire»   «Forme pomme»

accident vasculaire cérébral et certains types de cancers. Ceci est dû au fait que le tissu graisseux dans l'abdomen est plus susceptible de se décomposer et de s'accumuler dans les artères, bien que le mécanisme exact n'ait pas encore été déterminé.

Pour savoir si vous avez un surplus de masse corporelle autour de l'abdomen, mesurez votre tour de taille. Trouvez les points les plus élevés des os iliaques formant le bassin, et mesurez le tour de votre corps en passant juste au-dessus de ces points. Une mesure supérieure à 102 cm (40 pouces) pour les hommes et à 88 cm (35 pouces) pour les femmes signifie un risque accru pour la santé, surtout avec un IMC de 25 ou plus.

Antécédents personnels et familiaux

Les chiffres ne suffisent pas toujours. Une évaluation des antécédents médicaux personnels et familiaux est également importante pour déterminer si vous avez un poids-santé.

Il faut connaître les réponses à ces questions:
- Est-ce qu'une personne a une condition de santé, telle hypertension, diabète ou cholestérol élevé, pour laquelle une perte de poids serait bénéfique?
- Est-ce qu'une maladie reliée au poids existe dans la famille, comme un diabète de type 2, une hypertension ou une apnée du sommeil?
- Est-ce qu'il y a eu gain appréciable de poids depuis la fin des études secondaires? La prise de poids à l'âge adulte est associée à des risques accrus pour la santé.

Facteurs de gain de poids

Trop manger et ne pas faire assez d'exercice sont le plus souvent les responsables du gain de poids. Lorsque l'on absorbe plus de kilojoules ou calories que l'on peut en brûler dans le cours de ses activités, on emmagasine l'énergie excédentaire sous forme de kilos de tissu graisseux.

Cependant, la suralimentation et l'inactivité ne sont pas toujours les sources du problème. D'autres facteurs peuvent également avoir de l'influence sur le contrôle du poids:

Gènes. L'hérédité ne destine pas une personne à être grosse, mais ses gènes peuvent la rendre plus susceptible d'engraisser. Ils affectent le rythme avec lequel le corps accumule le tissu graisseux et l'endroit où il l'emmagasine. Des antécédents familiaux d'obésité augmentent d'environ 25 à 30 pour cent le risque d'être obèse.

D'autres facteurs de risque d'obésité, comme les aliments consommés et les habitudes d'activité, sont aussi fortement influencés par la famille.

Sexe. Les hommes mangent souvent plus que les femmes sans prendre de poids. On l'explique par leur musculature plus forte que celle des femmes, le tissu musculaire utilisant plus d'énergie que de graisse. En conséquence, les hommes brûlent en moyenne de 10 à 20 pour cent plus d'énergie que les femmes.

Âge. En vieillissant, la masse musculaire a tendance à diminuer et le tissu graisseux représente alors un plus fort pourcentage du poids. Il en résulte que le métabolisme ralentit aussi. Ces modifications physiologiques réduisent le besoin en kilojoules ou calories, gratifiant souvent une personne d'environ 500 grammes (_ lb) par année après l'âge de 35 ans.

Diète à forte teneur en gras et en kilojoules. Il est possible de ne pas trop manger, mais de consommer les mauvais aliments, surtout des aliments gras ou riches en kilojoules ou calories, lorsque l'on mange. La graisse fournit plus que le double de valeur énergétique, 38 kJ ou 9 calories par gramme, que les protéines ou les hydrates de carbone qui procurent 17 kJ ou 4 calories par gramme.

Plusieurs personnes présument aussi à tort que tous les aliments faibles en gras sont également faibles en kilojoules ou calories. Consommer des aliments à forte valeur énergétique peut aussi faire engraisser, même s'ils sont allégés en gras.

Problèmes médicaux. On retrace un problème de santé, comme un désordre métabolique ou un dérèglement hormonal, que dans moins de 5 pour cent des cas d'obésité. Cependant, quelques médicaments, dont certains stéroïdes et antidépresseurs, causent ordinairement une augmentation de poids.

• Est-ce qu'une personne fume la cigarette, prend plus de deux verres d'alcool par jour, ou endure un stress appréciable dans sa vie? Associé à ces habitudes de vie, le surplus de masse corporelle peut avoir des implications plus grandes pour la santé.

Additionner les résultats

Si l'IMC ne démontre aucun embonpoint, s'il n'y a pas trop de tissu graisseux autour de l'abdomen et si la réponse est «non» à toutes les questions relatives aux antécédents médicaux personnels et familiaux, la santé ne bénéficierait probablement pas d'une perte de poids. C'est un poids-santé.

Si l'IMC se situe entre 25 et 29, si le tour de taille est égal ou supérieur aux normes de santé et si la réponse est «oui» à au moins une des questions relatives aux antécédents médicaux personnels et familiaux, perdre quelques kilos serait bénéfique. Il faut discuter de poids avec le médecin lors du prochain examen médical périodique.

Si l'IMC est de 30 ou plus, il est évident que maigrir améliorera l'état de santé et réduira le risque de maladies futures.

Étapes d'une perte de poids réussie

Si un IMC est trop élevé et qu'il faut maigrir, voici certaines étapes à suivre susceptibles d'aider à perdre du poids sans risque et de façon permanente.

Comme tous les vétérans des diètes le savent, perdre du poids est difficile. Ne pas le reprendre est encore plus difficile. La plupart des gens qui ont maigri ont repris les kilos perdus en 5 ans.

Il existe plusieurs produits et programmes qui offrent d'aider à perdre des kilos. Toutefois, la meilleure façon de réduire l'IMC et d'améliorer la pression artérielle est de changer les habitudes de vie, et voici comment y arriver:

Soyez motivé. C'est votre volonté, votre propre décision qui doit vous motiver à maigrir, et non ce que quelqu'un d'autre désire pour vous.

Vous seul pouvez vous aider à maigrir. Cependant, cela ne signifie aucunement que vous devez tout faire seul. Votre médecin, un diététiste diplômé ou un autre professionnel de la santé peut vous aider à planifier cette perte de poids. Ne craignez pas de réclamer le soutien de votre conjoint, votre famille et vos amis.

Soyez positif. Ne gémissez pas sur les choses auxquelles vous devez renoncer pour maigrir. Concentrez-vous plutôt sur ce que vous gagnez. Plutôt que penser, «Mes croissants du matin vont beaucoup me manquer,» dites-vous, «Je me porte beaucoup mieux depuis que je mange du pain de blé entier et des céréales le matin.»

Établissez vos priorités. Choisir le bon moment est primordial. N'essayez pas de maigrir si de graves problèmes vous accaparent. Vous courez le risque d'échouer.

Changer ses habitudes exige beaucoup d'énergie, tant mentale que physique. Si des problèmes familiaux ou financiers, ou d'autres aspects de la vie rendent votre existence difficile, vous serez moins apte à persévérer dans l'effort.

Soyez réaliste. Ne tentez pas d'atteindre un poids totalement irréaliste, répondant à l'image idéale de minceur. Souhaitez plutôt retrouver le poids confortable que vous avez facilement maintenu lorsque vous étiez jeune adulte. Faites en sorte qu'un régime de vie plus sain, et non un nombre de kilos en moins, soit votre motivation première.

Si vous avez toujours fait de l'embonpoint, visez un poids qui améliorera la pression artérielle et les niveaux de sucre et de cholestérol. Un programme d'amaigrissement prévoit habituellement la perte d'environ 500 grammes (1 livre) par semaine pour une femme, et d'environ 1 000 grammes (2 livres) par semaine pour un homme, car le métabolisme plus rapide des hommes accélère la perte de poids.

Établissez des objectifs hebdomadaires ou mensuels qui vous permettent de voir vos progrès.

Connaissez vos habitudes. Afin de prendre conscience de votre comportement alimentaire, demandez-vous si vous êtes porté à manger lorsque vous êtes ennuyé, fâché, irrité, anxieux, déprimé ou subissez une pression sociale. Si vous le faites, essayez ces solutions:

- Avant de manger, demandez-vous si c'est vraiment ce que vous désirez.
- Apprenez à dire «non» et ne changez pas d'idée.
- Faites quelque chose pour vous distraire, comme téléphoner à un ami ou faire une commission.

- Si vous vous êtes stressé ou irrité, utilisez cette énergie de façon constructive. C'est le bon moment de faire une marche rapide d'une trentaine de minutes, ou de nettoyer un espace de rangement ou le garage.

Si vous éprouvez de la difficulté à identifier les émotions ou les situations qui vous incitent à manger, essayez de garder un calepin sur vous. Écrivez quand, pourquoi et ce que vous mangez. Regardez si des liens ou des modèles ressortent.

Changez graduellement. Lorsque vous avez identifié des comportements que vous souhaitez changer, rappelez-vous qu'y aller graduellement offre les meilleures chances de réussite. Ne vous attaquez qu'à une seule habitude à la fois, et prévoyez avec précision comment la changer. Lorsque vous aurez réussi à changer une habitude, attaquez-vous à la suivante.

Adoptez méthodiquement vos nouveaux comportements afin qu'ils deviennent des habitudes.

Planifiez mentalement. Il est possible que de vieilles habitudes soient si bien ancrées que vous y revenez sans le réaliser. Pratiquer mentalement une nouvelle habitude peut aider. Imaginez-vous dans une fête, devant une table débordant de hors-d'œuvre riches et de desserts de fantaisie. Voyez-vous mentalement prendre une petite portion de quelques gâteries seulement, disposez-les en les espaçant dans votre assiette. Revenez à cette image mentale jusqu'à ce que sentiez que vous l'avez bien retenue et que c'est de cette façon que vous agirez.

Ne jeûnez pas. Les aliments liquides, les pilules de diète et les combinaisons d'aliments spéciaux ne sont pas un moyen de contrôler votre poids à long terme et d'être en bonne santé. Plusieurs études ont démontré que la plupart des gens essaient de perdre du poids en absorbant de 4 200 à 6 300 kJ (1 000 à 1 500 Cal) par jour. Cependant, réduire le nombre de kilojoules à moins de 5 040 (1 200 Cal) pour une femme, ou à moins de 5 880 (1 400 Cal) pour un homme, ne peut fournir une quantité satisfaisante de nourriture et vous avez faim avant le prochain repas. (Voir «Calcul de vos kilojoules ou calories» pour déterminer vos besoins.)

Avec moins de 5 040 kJ (1 200 Cal) par jour, il est difficile d'absorber les quantités adéquates de certains éléments nutritifs, comme l'acide folique, le magnésium et le zinc. De plus, une telle

Programmes d'amaigrissement commerciaux

Plusieurs personnes découvrent lorsqu'elles tentent de maigrir qu'il est plus facile de le faire avec d'autres personnes. C'est pourquoi chaque année, des millions de gens s'inscrivent à des programmes commerciaux d'amaigrissement. Ces programmes peuvent être utiles, mais tous n'ont pas une approche d'amaigrissement sécuritaire et efficace.

Avant de vous y inscrire, assurez-vous qu'un programme respecte les cinq critères suivants:

Sécurité. Le programme doit prévoir une nutrition adéquate. Même si une diète est faible en kilojoules ou calories, elle devrait quand même fournir les quantités quotidiennes recommandées d'éléments nutritifs, sans recours à des aliments ou suppléments spéciaux.

Objectifs raisonnables. À cause de leur condition médicale, certaines personnes peuvent être avantagées par une perte de poids rapide. Mais en général, la perte de poids devrait être lente et régulière. Lorsque la perte de poids est rapide, c'est surtout du liquide et non du tissu graisseux que l'on perd. Recherchez un programme conçu pour vous aider à perdre de 0,5 à 1 kilo (1 à 2 livres) par semaine. N'oubliez pas qu'une perte de seulement 4,5 kilos (10 livres) peut influencer positivement votre pression artérielle.

Participation du médecin. Le programme devrait vous inciter à consulter le médecin. Discutez avec lui de votre projet de suivre une diète pauvre en kilojoules ou en calories. Si vous avez des problèmes de santé ou si vous êtes régulièrement sous médication, consultez votre médecin avant de participer à un programme d'amaigrissement.

Orientation vers des changements d'habitudes permanents. Maigrir rapporte peu si on ne peut pas conserver son nouveau poids. Le programme devrait donc aussi vous aider à améliorer de façon permanente vos anciennes habitudes alimentaires et activités physiques afin que vous puissiez conserver un poids-santé.

Coûts réels. Vous devriez savoir exactement combien vous devrez débourser pour le programme, y compris un suivi régulier.

diète favorise une perte temporaire de liquide et de tissu musculaire sain plutôt qu'une perte permanente de tissu graisseux.

Les suppresseurs de la faim vendus sans ordonnance ne sont également pas recommandés si vous tentez de maigrir parce qu'ils contiennent des substances semblables à l'adrénaline qui peuvent provoquer une élévation de la pression artérielle.

La meilleure façon de maigrir est de manger des aliments sains et de changer ses habitudes alimentaires. Réduire les kilojoules ou calories provenant des substances grasses vous permet de manger plus d'aliments très nutritifs comme les céréales de grains entiers, les fruits et les légumes. Vous pouvez ainsi absorber plus de nourriture et moins de kilojoules ou calories. On parle davantage d'une saine alimentation au Chapitre 6 (page 87).

Soyez et demeurez actif. La diète seule aide à perdre du poids. Toutefois, en y ajoutant une marche rapide de 30 minutes presque tous les jours, vous pouvez maigrir deux fois plus vite. L'activité physique est le facteur le plus important relié à une perte de poids durable. Elle favorise une perte de tissu graisseux et un développement musculaire. Ces modifications physiologiques contribuent à augmenter la vitesse du métabolisme, soit la rapidité à laquelle vous brûlez les kilojoules ou calories, et à faciliter le maintien du poids.

Ayez pour objectif de faire au moins 30 minutes d'activité physique modérée, chaque jour de la semaine ou presque chaque jour. Vous trouverez dans le chapitre suivant des activités qui peuvent vous aider à maigrir. Contrairement à la croyance populaire, une activité physique ne doit pas nécessairement être astreignante ou déplaisante.

Soyez persévérant. Parce qu'il vous arrivera sans aucun doute de tricher, ne permettez pas que des manquements temporaires vous détournent de votre décision de maigrir. Si vous retombez dans une vieille habitude, revenez aux stratégies déjà utilisées pour vous en détourner.

Pensez à long terme. Il ne suffit pas de manger des aliments sains et d'avoir des activités physiques pendant quelques semaines ou même plusieurs mois. Vous devez intégrer ces comportements à votre vie.

Dans l'avenir, les chercheurs découvriront peut-être de quelle façon la génétique et le corps contribuent au développement de l'obésité. Il est aussi possible que cette information puisse entraîner une amélioration des traitements de l'obésité. Toutefois, il est improbable que ces futurs traitements remplacent un jour l'importance de l'activité physique et de la saine alimentation pour contrôler le poids.

Calcul de vos kilojoules ou calories

Voici une méthode de calcul facile pour évaluer le nombre de kilojoules ou calories que vous pouvez absorber tout en perdant en moyenne 0,5 kilo par semaine:

_____ x 22 = _____
(poids actuel en kilos)   (kilojoules par jour)

ou

_____ x 10 = _____
(poids actuel en livres)   (calories par jour)

Ayez comme objectif quotidien de ne pas dépasser ce nombre.

Résumé

Concepts clés à retenir dans ce chapitre:
- Le nombre de personnes avec un problème d'embonpoint ou d'obésité continue d'augmenter.
- Le risque d'hypertension est augmenté si on a pris plus de 4,5 kilos à l'âge adulte.
- La pression artérielle augmente généralement avec le poids et diminue avec la perte de poids.
- Perdre aussi peu que 4,5 kilos peut abaisser la pression artérielle.
- Pour maigrir, il faut être déterminé.
- Il faut viser un poids-santé, non pas un poids idéal.
- Une perte de poids lente et régulière, basée sur une alimentation saine et une activité physique régulière, constitue la meilleure méthode d'amaigrissement.
- Les bons programmes d'amaigrissement mettent l'accent sur la sécurité, la perte graduelle de poids et les changements des habitudes de vie.

Chapitre 5

Activité physique

L'une des choses les plus importantes pour abaisser la pression artérielle est l'activité physique. L'activité physique régulière peut abaisser la pression artérielle autant ou presque que n'importe quel médicament.

L'inactivité est une cause majeure de l'hypertension. Le confort moderne et le manque de temps ont rendu les gens de plus en plus sédentaires. Selon l'American Heart Association, la fondation américaine pour les maladies du cœur, seulement 22% des adultes pratiquent une activité physique au moins 30 minutes tous les jours.

Pour abaisser la pression artérielle, nul besoin d'être athlète. Auparavant, on disait du conditionnement physique «sans douleur, pas de bénéfice». Ce n'est plus le cas. Des activités modérées peuvent être tout aussi bénéfiques pour la pression artérielle et la santé en général, à condition de les pratiquer régulièrement. C'est d'inclure davantage d'activités physiques à la routine quotidienne qui est essentiel, la performance n'a aucune importance.

Activité physique et pression artérielle

L'activité physique est indispensable au contrôle de la pression artérielle parce qu'elle fortifie le cœur. Il lui faut alors moins d'efforts pour pomper le sang. Moins le cœur doit travailler fort pour pomper le sang, moins la force exercée sur les artères est grande. De plus, une activité régulière favorise une perte de poids.

Jusqu'à quel point l'activité physique régulière peut-elle abaisser la pression artérielle? Elle peut abaisser tant la pression systolique que la pression diastolique de 5 à 10 mm Hg. S'il y a risque d'hypertension, cette diminution est suffisante pour empêcher l'hypertension de se développer. Si l'hypertension existe déjà, cette réduction peut être suffisante pour prévenir la médication. Si une médication est déjà prescrite, l'activité physique augmente l'efficacité des médicaments.

En plus de contribuer au contrôle de la pression artérielle, l'activité physique régulière réduit également le risque de crise cardiaque, de cholestérol élevé, de diabète, d'ostéoporose et de certains cancers. Bien plus, elle:
• améliore la concentration
• favorise un sommeil plus calme
• réduit la fatigue
• réduit le stress et l'anxiété
• favorise la flexibilité et l'agilité, réduisant les risques de chutes.

Activité vs intensité

Pendant plusieurs années, on a cru que seuls des exercices vigoureux pouvaient garder physiquement en forme et améliorer la santé. Les gens ont alors adopté une attitude de «tout ou rien» face à l'exercice physique. Malheureusement, trop de personnes ont choisi de ne rien faire.

Vers 1995, de nombreux organismes, dont plusieurs américains, ont réagi, émis de nouvelles recommandations et mis l'accent sur l'activité plutôt que sur l'intensité, après que des études aient démontré que des formes moins énergiques d'activité pouvaient aussi améliorer la santé.

Le mot «activité» avait également été préféré au terme «exercice». Pour trop de gens un «exercice» impliquait une routine planifiée et répétitive, alors qu'une «activité» n'exigeait pas d'être structurée pour être bénéfique.

En plus des formes connues d'activité physique, comme la marche ou le cyclisme, les nouvelles recommandations ont anobli des activités comme pousser une tondeuse à gazon, frotter le plancher ou danser. Ils ont aussi permis d'accumuler le temps consacré aux activités durant la journée. Ils ont reconnu des activités comme aller chercher le journal à bicyclette ou passer quelques minutes à biner la plate-bande.

Cependant, ce ne sont pas toutes les activités d'une journée qui comptent. L'activité doit être modérément intense. Elle doit être l'équivalent d'un effort perçu comme «assez facile» à «plutôt difficile» (voir «Échelle de perception de l'effort»).

L'accent mis sur l'activité au lieu de l'exercice n'élimine pas les bienfaits d'un exercice vigoureux. Les nouvelles recommandations visent à compléter et non remplacer les opinions précédentes favorisant les activités très intenses. Une activité plus intense procure des bénéfices encore plus grands pour la santé. Ce qui compte, c'est de faire un certain type d'activité physique presque tous les jours de la semaine.

Échelle de perception de la fatigue Une activité physique modérément intense se qualifie de «assez facile» à «assez difficile», ou de l'ordre de 11 à 14 sur l'Échelle de perception de l'effort. La perception de l'effort fait référence à la somme totale de l'effort, du stress physique et de la fatigue que vous éprouvez au cours d'une activité.	6 7 Très, très facile 8 9 Très facile 10 11 Assez facile 12 13 Assez difficile 14 15 Difficile 16 17 Très difficile 18 19 Très, très difficile 20

Quel genre d'activité?

Le conditionnement physique implique trois types d'exercices: l'aérobie[1] pour améliorer la santé cardiovasculaire, soit le cœur et la capacité respiratoire, les exercices d'assouplissement pour améliorer la flexibilité des articulations, et les exercices de raffermissement pour maintenir le volume du tissu osseux et la masse musculaire.

De ces trois types d'exercices, l'aérobie est le plus efficace pour contrôler la pression artérielle. Une activité d'aérobie, si elle exige certains efforts du cœur, des poumons et des muscles, augmente les besoins en oxygène.

Faire le ménage de la maison, jouer au golf et ramasser les feuilles mortes sont toutes des activités d'aérobie, si la fatigue se

1. Le terme «aérobie» est suggéré par l'Office de la langue française et la banque de données linguistiques Termium pour le mot anglais «aerobics».

situe sur l'échelle de: assez facile à assez difficile. Les autres formes connues d'aérobie comprennent:

Marche. Marcher plaît à beaucoup de personnes parce qu'elle ne requiert aucune qualité athlétique ou formation spéciale. La marche est commode et économique. Il est possible de varier les itinéraires pour conserver de l'intérêt. C'est aussi une activité qui peut se pratiquer seul ou avec d'autres.

Marcher aide à brûler les kilojoules. De courtes périodes de marche brûlent à peu près autant de tissu graisseux qu'un exercice long mais de faible intensité.

Pour marcher, il faut porter de bons souliers de marche qui supportent le pied et offrent une traction. S'il y a eu inactivité ou si la forme n'est pas fameuse, il est préférable de commencer lentement, pendant 5 à 10 minutes (voir «Échelle de perception de la fatigue), et d'augmenter graduellement le pas et la durée à chaque sortie.

Jogging. Le jogging est une excellente forme d'aérobie car il fait travailler le cœur, les poumons et les muscles dans un temps relativement court. Le jogging s'insère facilement dans un calendrier chargé. Tout comme la marche, le jogging n'exige pas d'équipement, sinon une bonne paire de souliers.

Le jogging exige préalablement un conditionnement cardiovasculaire et un raffermissement musculaire. Avec le temps, il peut aussi endommager les articulations des chevilles et des genoux.

Si vous désirez faire du jogging, il est préférable de commencer par la marche. Lorsqu'une personne peut marcher confortablement 1,6 km (2 miles) en 30 minutes, elle est prête à tenter d'alterner jogging et marche, soit augmenter graduellement le temps consacré au jogging et diminuer celui consacré à la marche.

Pour minimiser le risque de blessure et d'inconfort musculaire et articulaire, on conseille de ne pas faire de jogging plus de trois ou quatre fois par semaine, et de le faire aux deux jours.

Bicyclette. Tout comme la marche, la bicyclette est un bon choix pour entamer un programme régulier d'exercice. Il faut commencer lentement et augmenter l'endurance.

On est parfois tenté de régler les engrenages pour pédaler plus fort, exigeant ainsi un effort semblable à celui d'une course énergique. Cela ne fait pas travailler le cœur et les poumons efficacement, sauf en montant une pente. Pédaler plus rapidement en tout temps, même en descendant une pente, contribue à faire de votre randonnée une activité d'aérobie.

Natation. C'est un excellent exercice cardiovasculaire parce que nager sollicite le cœur, les poumons et les tous les muscles du corps. La natation est également douce pour les articulations. Dans les cas d'arthrite ou autre maladie des articulations, nager est une bonne façon d'augmenter les activités d'aérobie.

Conditionnement avec des appareils. Les appareils de conditionnement physique peuvent augmenter tant la capacité respiratoire que la force musculaire. En général, on en obtient pour son argent et pas plus lors de l'achat de ce genre d'appareil. Vérifier la garantie est une bonne chose car c'est habituellement un signe de qualité. Il faut s'assurer qu'un appareil est construit solidement, sans chaîne ou câble exposés. Il faut éviter les appareils actionnés par des ressorts et rechercher un appareil qui fonctionne en douceur.

Il faut éviter d'acheter un appareil en se laissant séduire par des indicateurs de performance. Plusieurs appareils sont chargés de gadgets tels compteur de kilojoules ou calories, chronomètre, imprimante et écran, tous inutiles et probablement peu utilisés.

Chacun des cinq appareils de base suivants offre des avantages de conditionnement physique uniques:

Bicyclette stationnaire. C'est un excellent choix, tant pour les novices que les adeptes du conditionnement physique. Elle stimule le bas du corps, mais certaines bicyclettes ont un guidon articulé qui fait aussi travailler le haut du corps, exerçant davantage le cœur et les poumons. Si une personne a des problèmes de genoux, elle doit s'assurer que la résistance s'ajuste à un bas niveau, et garder les genoux pliés en pédalant.

Aviron. Ce type d'appareil offre un bon exercice d'aérobie en faisant travailler le cœur, les poumons et tous les muscles du corps. Il aide à fortifier le dos, les épaules, l'abdomen, les jambes et les bras. Les appareils équipés d'une chaîne d'entraînement à poulie sont habituellement plus faciles à utiliser et plus efficaces que les appareils plus dispendieux et plus petits avec rames à pistons. Une bonne technique est importante pour éviter une entorse lombaire.

Tapis roulant. Un tapis roulant augmente la force des jambes autant que la capacité cardio-respiratoire. Certains modèles s'inclinent pour simuler la montée d'une pente. La vitesse est variable, permettant la marche et le jogging. Les modèles munis d'un moteur plus puissant fonctionnent généralement plus doucement et durent plus longtemps.

Simulateur d'escalier. Cet appareil aide à augmenter la force et le tonus des jambes, des fesses, des hanches, des jarrets, des mollets et du bas du dos. Il fait aussi travailler efficacement le cœur et les poumons. Utiliser cet appareil occasionne moins d'usure aux chevilles et aux genoux que le jogging. Cependant, il peut quand même aggraver des problèmes de genoux.

Ski de fond. Cet appareil offre l'avantage d'un bon entraînement global, et il est doux pour les articulations. Cependant, certaines personnes le trouvent difficile à maîtriser. Il faut pouvoir bouger les jambes et les bras en opposition et avec rythme, ce qui peut exiger un entraînement.

Actif jusqu'à quel point?

Soyez aussi actif que vous le pouvez, chaque jour. Au minimum, il faut tenter de brûler au moins 630 kilojoules (150 Cal) quotidiennement par des activités d'aérobie. Pour les activités modérément intenses, cela équivaut à environ 30 minutes. Les activités moins intenses exigent plus de temps, et les exercices plus intenses moins de temps. En outre, plus la masse corporelle est élevée, moins il lui faut de temps pour brûler les kilojoules ou calories, et moins elle est élevée, plus il en faut. Cependant, en utilisant 30 minutes comme guide, un individu s'assure d'avoir le minimum d'activité physique dont il a besoin.

Si un horaire est chargé et qu'il est difficile d'y glisser 30 minutes d'exercice, accumuler les périodes d'activité de 5 à 10 minutes dans une même journée est possible. Stationner sa voiture plus loin de son lieu de travail, utiliser les escaliers au lieu de l'ascenseur et faire une courte marche à l'heure du lunch permettent d'y parvenir. Trois périodes de 10 minutes d'activité sont tout aussi bénéfiques qu'une session de 30 minutes de conditionnement physique.

Il faut aussi rechercher les occasions d'inclure plus d'activités dans sa routine. On peut marcher sur un tapis roulant tout en écoutant de la musique ou en regardant les nouvelles à la télévision, ou faire de la bicyclette stationnaire en lisant le journal.

Guide des activités

Activité	Minutes nécessaires pour qu'une personne de 70 kg brûle 150 calories ou 630 kJ
Laver et cirer la voiture	45 à 60
Laver les fenêtres et les planchers	45 à 60
Jouer au volley-ball	45
Jouer au ballon chasseur	30 à 45
Jardiner	30 à 45
Se déplacer en chaise roulante	30 à 40
Marcher (4,8 km / heure)	35
Basket-ball (lancers de ballon)	30
Bicyclette (16 km / heure)	30
Danser rapidement	30
Ramasser des feuilles mortes	30
Exercices aquatiques d'aérobie	30
Tondre la pelouse (tondeuse à pousser)	30
Marcher (6,4 km / heure)	30
Longueurs de piscine	20
Basket-ball (faire une partie)	15 à 20
Jogging (8,0 km / heure)	20
Courir (9,6 km / heure)	15
Pelleter de la neige	15
Monter un escalier	15

Tiré des recommandation de l'étude de 1998 du National Institutes sur l'identification, l'évaluation et le traitement de l'embonpoint et l'obésité chez les adultes

Le programme de conditionnement physique en 6 étapes précise comment débuter un programme d'activité, ajouter du temps ou de la distance au fur et à mesure que la forme s'améliore et ajouter des exercices de raffermissement pour compléter le conditionnement physique global.

Conditionnement physique en 6 étapes

Pour introduire davantage d'activités physiques dans ses journées, il faut relever le défi de quitter son fauteuil et passer à l'action. Tous savent qu'il faut être plus actifs, mais poser le geste, passer de «savoir» à «agir», n'est pas aussi facile qu'on l'imagine.

Afin de vous aider à être et à demeurer actif, voici un programme complet de conditionnement physique, sécuritaire pour presque tous. Cependant, dans le cas d'une pathologie chronique, ou d'un risque important de maladie cardiovasculaire, certaines précautions spéciales s'appliquent peut-être. Pour assurer sa sécurité, il faut préalablement consulter le médecin si:

- la pression artérielle est de 160/100 mm Hg ou plus
- une maladie cardiovasculaire ou pulmonaire, le diabète, l'arthrite ou une maladie rénale existe
- un homme est âgé de 40 ans ou plus ou une femme de 50 ans ou plus
- des antécédents familiaux de problèmes cardiaques avant l'âge de 55 ans existent
- l'état de santé est peu ou pas connu
- un inconfort dans la poitrine, de l'essoufflement ou des étourdissements sont ressentis dans un état de fatigue.

Si des médicaments sont pris régulièrement, il est bon de vérifier auprès de votre médecin si augmenter l'activité physique peut influencer l'efficacité des médicaments et leurs effets secondaires. Les médicaments pour le diabète et les maladies cardiovasculaires provoquent parfois une déshydratation, un équilibre instable et une vue trouble. Certains médicaments peuvent aussi affecter les réactions du corps à l'exercice physique.

Étape 1: Établir vos objectifs

Des objectifs constituent une source de motivation pour être et demeurer actif. Commencez avec des objectifs simples, comme être actif presque tous les jours de la semaine, et continuez ensuite avec des objectifs à plus long terme. Les gens physiquement actifs pendant 6 mois finissent généralement par adopter une activité régulière et en faire une habitude.

Fixez-vous des buts raisonnablement accessibles. Il est courant d'éprouver de la frustration et de renoncer à un objectif trop ambitieux. En outre, fixez-vous un objectif précis. Indiquez exactement en quoi il consiste et à quel moment vous souhaitez l'atteindre.

S'il y a risque d'hypertension, l'un des buts devrait être d'abaisser la pression artérielle. Un autre objectif pourrait être de perdre du poids. Les visées pourraient être les suivantes:

- Abaisser la pression systolique de 4 mm Hg et la pression diastolique de 2 mm Hg en six mois.
- Perdre 2,7 kilos en 6 mois.

Pour atteindre ces buts, les écrire et les exposer là où ils sont visibles peut vous motiver.

Établissez un nouvel objectif dès que vous en atteignez un.

Étape 2: Rassembler votre équipement

Une simple paire de chaussures peut très bien constituer tout votre équipement. Portez des souliers confortables qui vous offrent un bon support.

Si vous projetez de faire de la bicyclette, voyez à ce qu'elle soit bien ajustée à votre taille et à la longueur de vos bras. Assis, le pied bien posé sur la pédale la plus basse, la jambe ne doit pas être en pleine extension. Il faut aussi pouvoir tenir le guidon, utiliser les freins et changer les vitesses en gardant les yeux sur la route.

Si vous décidez d'acheter un appareil de conditionnement physique, apprenez à l'ajuster à votre taille et à votre niveau d'endurance.

Pour faire des exercices de raffermissement, vous pouvez fabriquer vos propres poids en remplissant des vieux bas avec des légumes secs ou de la monnaie, ou remplir partiellement d'eau ou de sable un cruche de 2 litres (1/2 gallon). Vous pouvez aussi acheter des poids usagés dans les magasins d'équipement sportif.

Étape 3: Prendre le temps de faire des étirements

Faire des exercices d'étirement pendant 5 à 10 minutes avant de commencer une activité augmente le débit sanguin et assouplit les muscles. Ces exercices aident à préparer le corps pour les activités d'aérobie qui suivront, car les muscles doivent se réchauffer avant les exercices.

Étirements de réchauffement et de récupération

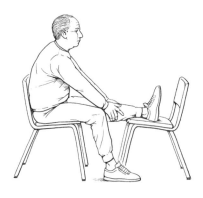

Étirement du mollet: se tenir debout à une longueur de bras du mur. Se pencher vers le mur. Placer une jambe devant vous, genou plié. Garder l'autre jambe à l'arrière, genou droit et talon au sol. En gardant le dos droit, amener les hanches vers le mur jusqu'à sentir un étirement. Garder la position pendant 30 secondes. Relâcher. Répéter l'exercice avec l'autre jambe.

Étirement des jarrets (arrière du genou): assis sur une chaise, poser une jambe sur une autre chaise. Garder le dos droit. Pencher lentement le bassin vers l'avant au niveau des hanches jusqu'à sentir un étirement derrière la cuisse. Garder la position pendant 30 secondes. Relâcher. Répéter l'exercice avec l'autre jambe. (Il est également possible de faire cet exercice au sol, une jambe étirée vers l'avant et l'autre repliée vers l'arrière.)

Étirement de la partie supérieure de la cuisse : s'étendre sur une table ou un lit, la cuisse et la hanche le plus près possible du bord, le mollet et le pied pendant librement sur le côté. Tirer sur la cuisse et le genou de l'autre jambe en les ramenant vers la poitrine jusqu'à ce que le bas du dos touche la table. Garder la position pendant 30 secondes. Relâcher. Répéter l'exercice avec l'autre jambe.

Étirement du bas du dos: s'étendre sur une surface plane, comme un plancher ou une table, le dos à plat, genoux pliés et pieds à plat sur la surface. Tirer le genou gauche vers l'épaule avec les deux mains (si problèmes aux genoux, tirer par l'arrière de la cuisse). Garder la position pendant 30 secondes. Relâcher. Répéter l'exercice avec l'autre jambe.

Étirement des muscles de la poitrine: tenir les mains derrière la tête, doigts croisés. Éloigner les coudes vers l'arrière fermement en respirant à fond. Garder la position pendant 30 secondes, tout en continuant de respirer. Relâcher.

Des étirements pendant 5 à 10 minutes après une activité d'aérobie, lorsque les muscles sont relâchés, améliore la flexibilité globale des muscles et des articulations. Ils aident également à prévenir les douleurs musculaires et réduisent le risque de blessure, car les muscles doivent récupérer après les exercices.

Étape 4: Mettre l'accent sur l'aérobie

Consacrez au moins 30 minutes à des activités d'aérobie que vous percevez comme étant d'un niveau assez facile à assez difficile. Si vous avez été inactif et si vous n'êtes pas en forme, commencez par des périodes de 5 à 10 minutes avec ces exercices de très faible intensité. Ensuite, augmentez graduellement l'intensité des exercices et le temps de 1 à 5 minutes à chaque session. Plusieurs personnes commencent avec un zèle fou et abandonnent ensuite, les articulations et les muscles endoloris ou blessés.

En faisant des activités d'aérobie, ayez toujours ces suggestions à l'esprit:

Variez vos activités. Faire toujours la même chose augmente le risque d'ennui et d'abandon de vos activités. Pensez à des activités moins ordinaires,

Le test de la conversation

Une façon de savoir si vous vous fatiguez à un niveau d'intensité acceptable est d'entretenir une conversation avec quelqu'un durant l'exercice. Si vous êtes trop essoufflé pour compléter une phrase de quatre ou cinq mots, vous poussez probablement trop loin vos efforts et vous devriez ralentir ou réduire l'intensité de vos exercices.

comme le canotage, la danse ou la randonnée. De plus, tentez d'alterner entre une activité favorisant le conditionnement du haut du corps et une activité favorisant le conditionnement du bas du corps.

Varier les activités réduit également le risque de blessure à un muscle précis ou d'usure d'une articulation.

Soyez flexible. Si vous êtes trop fatigué, ou si vous ne vous sentez pas bien, prenez congé un jour ou deux.

Soyez à l'écoute de votre corps. Quelques douleurs ou inconforts mineurs sont susceptibles de surgir de temps en temps, mais soyez attentif aux signes de surmenage ou de stress (voir «Éviter les blessures», page 84).

Étape 5: Améliorer la force musculaire

Au moins deux fois par semaine, prenez quelques minutes pour faire des exercices qui contribuent à augmenter votre force musculaire. Une plus grande force musculaire facilite les activités d'aérobie. Un plus fort pourcentage de tissu musculaire que de tissu graisseux augmente également le nombre de kilojoules ou calories que vous brûlez chaque jour. En outre, des muscles, des tendons et des ligaments plus forts autour des articulations protègent contre les chutes et les fractures et réduisent le risque de blessure.

Vous améliorez la force musculaire en faisant travailler vos muscles en opposition au poids de votre propre corps, avec des grosses bandes élastiques ou des objets lestés, comme des poids et haltères. Le poids ou la résistance dont vous avez besoin pour augmenter la force de vos muscles dépend de votre force actuelle. Choisissez une résistance qui donne l'impression de faire un travail «assez difficile» sur l'Échelle de perception de la fatigue.

Au début, une faible résistance ou un poids léger et de nombreuses répétitions contribuent à améliorer la force musculaire. À mesure que la force s'accroît, augmentez graduellement le poids ou résistance et augmentez le nombre des répétitions.

Cependant, avant de lever de gros poids, parlez à votre médecin. La fatigue causée par la levée de gros poids peut provoquer une augmentation brusque de la pression artérielle, ce qui pourrait être dangereux si vous avez une hypertension non contrôlée.

Exercices de raffermissement

Glissade sur le mur: se tenir debout, les talons à environ 30,5 cm (12 pouces) du mur. Le dos appuyé au mur, glisser lentement vers le sol jusqu'à ce que les genoux pliés forment un angle de 45 degrés. Glisser vers le haut pour revenir à la position debout. Cet exercice fortifie les quadriceps et améliore la force de marche et de montée des pentes.

Poussée sur le mur: se tenir debout, face au mur, suffisamment éloigné pour placer les paumes sur le mur tout en ayant les coudes légèrement pliés. En pliant lentement les coudes, se laisser aller vers le mur en supportant le poids du corps avec les bras. Redresser les bras et revenir à la position debout originale. Cet exercice fortifie les muscles des bras et de la poitrine.

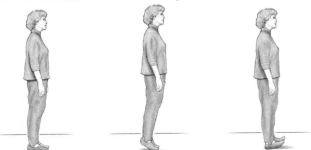

Levée du talon et des orteils: debout, soulever le corps jusqu'à ce que le poids repose sur les orteils. Basculer vers l'arrière jusqu'à ce que le poids repose sur les talons, en éloignant les orteils du sol. Cet exercice fortifie les mollets et les muscles de la partie inférieure des jambes, et améliore l'équilibre.

Flexion des bras: se tenir en position debout, les pieds écartés à la largeur des épaules. Comme force de résistance, tenir dans la main un contenant de deux litres (1/2 gallon) à demi rempli. Plier le coude jusqu'à ce que la main tenant la cruche soit à la hauteur de l'épaule. Tenir et ensuite baisser lentement le bras. Faire l'exercice avec l'autre bras. Cet exercice fortifie les biceps et aide à transporter et lever des objets.

Étape 6: Garder votre motivation

La plupart des gens obtiennent un niveau désirable de forme physique dans une période de 3 à 9 mois. Votre objectif consiste alors à conserver votre condition physique.

Pour garder votre motivation:

Suivez vos progrès. Mesurez vos progrès et notez-les sur une fiche ou dans un calepin. Voir sur papier jusqu'à quel point votre forme physique s'est améliorée peut vous aider à conserver votre motivation pour aller plus loin.

Adaptez vos activités. À mesure que votre forme s'améliore, réglez avec précision l'intensité et la durée de vos exercices.

Essayez de nouvelles activités. Pour stimuler l'intérêt, incorporez des activités différentes et plus difficiles. Cherchez également ment des façons d'associer votre famille à vos activités physiques.

Éviter les blessures

Il arrive parfois que l'on se blesse en pratiquant une activité physique. Toutefois, vous pouvez réduire le risque de blessure en suivant ces conseils:

Buvez beaucoup d'eau. L'eau aide à maintenir la température normale du corps et rafraîchir les muscles qui travaillent. Afin de remplacer le liquide que vous perdez, buvez de l'eau avant et après une activité.

Habillez-vous convenablement. Portez des vêtements amples qui permettent au corps de transpirer.

Faites des exercices de réchauffement et de récupération. Des étirements avant une séance d'aérobie préparent le corps aux exercices qui vont suivre. Des étirements après ces exercices améliorent la flexibilité.

Soyez actif régulièrement. L'irrégularité augmente le risque de blessure lorsque des périodes de conditionnement intense sont entrecoupées de semaines d'inactivité.

Évitez les activités exigeant des arrêts fréquents. Une forme d'activité continue et contrôlée, comme la marche ou la bicyclette, comporte habituellement moins de risques d'élongation musculaire ou autre que des activités obligeant à des arrêts et départs répétés comme le basket-ball ou le tennis.

Ne faites pas de compétition. Évitez l'intensité tant émotive que physique souvent inhérente aux compétitions sportives.

Prenez le temps de digérer vos aliments. Attendez 2 ou 3 heures après avoir mangé un gros repas avant de faire une activité. La digestion dirige le sang vers le système digestif et l'éloigne du cœur.

Tenez compte de la température. Quand le temps est chaud et humide, réduisez la vitesse et la distance, ou alors, faites de l'exercice tôt le matin ou en soirée, lorsque la température est plus fraîche.

Évitez la circulation automobile. Respirer le monoxyde de carbone émis par le système d'échappement des automobiles réduit l'apport d'oxygène au cœur.

Reconnaissez les symptômes. Réclamez immédiatement des soins si vous éprouvez l'un de ces malaises:
- Oppression thoracique
- Essoufflements sévères
- Douleurs à la poitrine, aux bras ou à la mâchoire, souvent du côté gauche
- Palpitations, battements cardiaques rapides et irréguliers
- Étourdissement, évanouissement, ou malaise gastrique.

Une activité modérée ne devrait pas causer d'inconfort. Votre respiration pourrait augmenter et vous devriez sentir que vous travaillez. Cependant, vous ne devriez pas éprouver de douleur ou ressentir de l'épuisement.

Résumé

Concepts clés à retenir dans ce chapitre:

- Une activité physique régulière peut abaisser la pression artérielle de 5 à 10 mm Hg.
- Dans une activité, la régularité est plus importante que l'intensité.
- Il faut consacrer au moins 30 minutes à une activité d'intensité modérée, tous les jours de la semaine ou presque tous les jours. Après une période d'inactivité, il faut atteindre graduellement ce temps d'activité.
- Une activité d'aérobie influence énormément la pression artérielle. Une activité est dite «d'aérobie» si elle exige un travail du cœur, des poumons et des muscles, et augmente les besoins en oxygène.
- Si le temps manque, il faut chercher des moyens d'inclure plus d'activités dans la routine quotidienne.
- Il est bon de varier les activités. Une personne est plus susceptible de demeurer active en faisant des choses qu'elle aime.
- Les bienfaits de l'activité physique pour la santé sont presque toujours plus grands que le risque de blessure.

Chapitre 6

Alimentation saine

En plus de surveiller votre poids et d'être plus actif, manger sainement contribue à abaisser et à contrôler la pression artérielle. Ensemble, ces trois mesures peuvent réduire le recours à la médication.

Bien manger ne signifie pas compter les kilojoules ou calories et renoncer à tous les aliments que l'on aime. Bien manger signifie profiter d'un éventail d'aliments susceptibles de maintenir la santé aujourd'hui et dans les années à venir. Des aliments variés contribuent à fournir l'ensemble des éléments nutritifs dont le corps a besoin.

Dans la gestion de l'hypertension, éviter les excès de sodium est toujours recommandé, comme nous le verrons dans le chapitre suivant. La toute dernière information disponible suggère que manger moins de gras et plus de pain et céréales à grains entiers, de fruits, de légumes et de produits laitiers écrémés ou partiellement écrémés, favorise non seulement la santé en général, mais a des effets bénéfiques sur le contrôle de la pression artérielle.

Étude DASH

Au cours des années, plusieurs études ont émis l'hypothèse qu'une diète saine peut abaisser la pression artérielle. Voici maintenant que l'hypothèse est vérifiée.

Une étude de 1997, «Dietary Approaches to Stop Hypertension» ou DASH, qui signifie «Approche diététique pour contrer l'hypertension», comparait trois diètes auprès de 459 personnes. Le groupe comptait des hypertendus et des gens à risque dont la pression artérielle était normale élevée, avec risque de développer l'hypertension.

Une des trois diètes étudiées reflétait la diète type. Elle comportait peu de fruits, de légumes et de produits laitiers et une teneur en gras représentant environ 37 pour cent des kilojoules ou calories totales. La deuxième insistait sur 8 portions de fruits et légumes par jour, mais ne contrôlait pas l'absorption de produits laitiers ou de gras. La troisième diète, appelée diète combinée, insistait sur les fruits et légumes et y ajoutait beaucoup de pain et céréales à grains entiers et de produits laitiers. Le gras y était aussi plus faible que dans les autres diètes, soit moins de 30 pour cent du total des kilojoules ou calories.

Les résultats: tant la diète riche en fruits et légumes que la diète combinée ont abaissé la pression artérielle. Cependant, la diète combinée a donné de meilleurs résultats en l'abaissant davantage.

Les personnes souffrant d'hypertension et suivant la diète combinée ont vu leur pression systolique diminuer de 11,4 mm Hg et leur pression diastolique de 5,5 mm Hg. C'est à peu près les résultats obtenus avec certains médicaments. Les personnes dont la pression artérielle était normale élevée ont vu leur pression systolique diminuer en moyenne de 3,5 mm Hg et leur pression diastolique en moyenne de 2 mm Hg.

Les chercheurs ne peuvent dire pourquoi la diète combinée a donné de meilleurs résultats. Ils croient que c'est possiblement parce qu'elle favorisait une perte de poids et était riche en potassium, calcium et magnésium, des minéraux reliés à une pression artérielle moins élevée.

Dans les trois diètes, le sodium était limité à environ 3 000 mg (milligrammes) par jour, une quantité inférieure à celle habituellement absorbée. Actuellement, un suivi de l'étude DASH vérifie si un apport plus faible de sodium peut abaisser encore davantage la pression artérielle.

Principes fondamentaux de l'étude DASH

Le programme alimentaire DASH est riche en pain et céréales à grains entiers, fruits, légumes et produits laitiers allégés en gras. En mettant l'accent sur ces aliments, le programme limite ainsi les gras, gras saturé et cholestérol tout en fournissant de copieuses quantités de fibres, potassium, calcium et magnésium.

Bien que les chercheurs prétendent que la diète DASH peut aider à abaisser spécifiquement l'hypertension, son contenu est semblable à la diète du guide alimentaire recommandée à toute personne en santé. Toutes deux mettent l'accent sur une plus grande consommation de pain et céréales à grains entiers, de fruits et de légumes, et une consommation moins importante de viande, volaille et poisson.

Cependant, la diète DASH recommande un minimum de 8 portions de fruits et de légumes plutôt que les 5 suggérées par le guide alimentaire. Le programme DASH sépare aussi les protéines animales et végétales, recommandant 4 ou 5 portions par semaine de noix, grains entiers et légumineuses. De cette façon, la diète DASH limite davantage le gras et contribue à assurer une consommation plus importante de fibres, en plus du potassium et du magnésium, deux élément nutritifs liés à une pression artérielle moins élevée.

Recommandations de l'étude DASH

Pour contrôler votre pression artérielle à l'aide de la diète, voici les groupes alimentaires de base et les quantités d'aliments à prendre chaque jour:

Pain et céréales à grains entiers: 7 ou 8 portions. Ce groupe comprend le pain et les céréales à grains entiers, le riz et les pâtes alimentaires. En plus d'être pauvres en gras, ces aliments sont riches en glucides et en éléments nutritifs complexes. Les grains entiers fournissent plus de fibres et d'éléments nutritifs, comme le magnésium, que les variétés raffinées.

Les pains et les pâtes sont naturellement faibles en gras et en kilojoules ou calories. Pour les conserver tels quels, il faut choisir avec discernement ce que l'on y ajoute. Évitez les sauces à la crème et au fromage sur les pâtes alimentaires et mettez plutôt des légumes ou des sauces faites de tomates fraîches.

Achetez des pains à levure plutôt que des pains, brioches ou autres pâtisseries additionnés de gras.

Fruits et légumes: 8 à 10 portions. Manger plus de fruits et de légumes est une des meilleures choses à faire pour améliorer la pression artérielle et la santé en général. En plus de ne contenir virtuellement aucun gras et peu de kilojoules ou calories, les fruits et les légumes fournissent des fibres et une variété d'éléments nutritifs, dont le potassium et le magnésium. Ils contiennent aussi des produits phytochimiques, substances aptes à réduire le risque de maladies cardiovasculaires et certains cancers.

Substituer des fruits et des légumes aux aliments plus gras et plus riches en kilojoules ou calories est également un moyen relativement aisé d'améliorer sa diète sans réduire la quantité d'aliments que l'on consomme. Il suffit de ne pas recouvrir les fruits et les légumes de sauces ou de produits riches en gras.

Produits laitiers: 2 ou 3 portions. Les produits laitiers sont les principales sources de calcium et de vitamine D essentielle à l'absorption du calcium. Ils fournissent également des protéines. Toutefois, les produits laitiers peuvent être très gras. Vous pouvez profiter de ce qu'il y a de meilleur dans les produits laitiers, et éviter une bonne partie du gras, en les choisissant écrémés ou partiellement écrémés, comme les laits et yogourts écrémés ou allégés et les fromages écrémés ou partiellement écrémés.

Viande, volaille et poisson: 2 portions ou moins. Ces produits sont des sources appréciables de protéines, de vitamine B, de fer et de zinc. Pour la viande, il faut choisir les coupes maigres comme le filet, la ronde ou l'aloyau. En préparant la volaille, enlever la peau supprime environ la moitié du gras. Cependant, parce que même les parties maigres contiennent du gras, tentez de limiter votre consommation de viande.

Le poisson offre les protéines animales les plus maigres. De plus, le gras qu'il contient est principalement du type des acides gras oméga-3. Ces acides gras contribuent à abaisser légèrement la pression artérielle et à réduire le risque de caillots sanguins. Les caillots qui se forment dans des artères rétrécies augmentent le risque de crise cardiaque et d'accident vasculaire cérébral.

Légumineuses, noix et grains entiers: 4 ou 5 portions par semaine. Les légumineuses qui comprennent les haricots, les pois séchés et les lentilles sont faibles en gras et ne contiennent pas de cholestérol. Elles sont une excellente source de protéines végétales. Les légumineuses, les noix et les grains entiers fournissent une variété d'éléments nutritifs, y compris le magnésium et le potassium, en plus des produits phytochimiques et des fibres.

Bien que les noix et les grains entiers contiennent du gras, celui-ci est en grande partie monoinsaturé, du type qui peut contribuer à vous protéger contre l'insuffisance coronarienne.

La diète DASH

Voici les recommandation qui ont le plus abaissé la pression artérielle lors de l'étude DASH. Pour vous aider à contrôler votre pression artérielle, tentez de consommer quotidiennement les quantités prévues dans chacun des groupes alimentaires.

Aliments et nombre de portions	Exemples de portions
Pain et céréales à grains entiers 7 ou 8	90 g [3 oz ou 1/2 tasse (125 ml)] de céréales cuites, riz ou pâtes alimentaires 30 g [1 oz ou 1/2 tasse (125 ml)] de céréales prêtes à servir 1 tranche de pain de blé entier 1/2 baguel ou muffin anglais
Fruits et légumes 8 à 10	45 g [1-1/2 oz ou 1/4 tasse (65 ml)] de raisins secs 180 ml [6 oz ou 3/4 tasse] de jus de fruit pur à 100% 1 pomme ou banane moyenne 12 raisins de table 60 g [2 oz ou 1 tasse (250 ml)] de légumes feuillus, verts et crus 90 g [3 oz ou 1/2 tasse (125 ml)] de légumes cuits 1 pomme de terre moyenne
Produits laitiers 2 ou 3	250 ml [8 oz ou 1 tasse] de lait allégé ou sans gras ou 250 ml [8 oz ou 1 tasse] de yogourt 45 g [1-1/2 oz] de fromage allégé ou sans gras 500 g [10 oz ou 2 tasses (500 ml)] de fromage cottage allégé ou sans gras
Viande, volaille, poisson 2 ou moins	60–90 g [2–3 oz] de volaille cuite sans peau, de poisson ou fruits de mer, ou de viande de boucherie maigre
Légumineuses, noix et grains entiers 4 ou 5 par semaine	105 g [3-1/2 oz ou 1/2 tasse (25 ml)] de légumineuses cuites 30 g [1 oz ou 1/4 tasse (65 ml)] de grains entiers 30 g [1 oz ou 1/3 tasse (80 ml)] de noix

Les portions sont établies selon une diète de 8 400 kilojoules (2 000 calories) par jour. La plupart des gens ont besoin de 6 688 à 10 032 kilojoules (1 600 à 2 400 calories) par jour, selon leur âge et leur niveau d'activité. Afin d'ajuster la diète pour y inclure plus ou moins de portions, rencontrez un diététiste diplômé.

Modifié du National Institutes of Health (Institut national de la santé). La diète DASH.

Les menus DASH

Afin de vous aider à adopter une diète saine, voyez les menus et les recettes basés sur le programme DASH à la fin de ce volume.

Mangez-vous assez de fruits et de légumes?

Comme la plupart des gens, vous ne mangez probablement pas assez de fruits et de légumes. Cependant, en consommer 8 à 10 portions par jour est plus facile que vous pourriez le croire.

Voici des suggestions pour ajouter plus de fruits et de légumes à votre diète quotidienne:
- Prendre un verre de jus de fruits ou de légumes pur à 100% au déjeuner.
- Garnir vos céréales du matin de bleuets, de framboises ou d'une banane coupée en tranches.
- Manger une petite salade avec votre lunch ou votre dîner.
- Ajouter des tomates, des graines germées ou de la verdure dans un sandwich.
- Prendre un bol de soupe aux légumes.
- Prendre des morceaux de fruits ou de légumes crus comme collation.
- Ajouter des légumes dans un ragoût.
- Garnir une pomme de terre au four de carottes, de chou-fleur et de brocoli cuits.
- Substituer des épinards, des courgettes ou de l'aubergine à la viande dans les pâtes alimentaires.
- Manger des petits fruits avec le yogourt ou les utiliser comme garniture sur les desserts.

Trois minéraux importants

La diète DASH met l'accent sur les bienfaits de trois minéraux, le potassium, le calcium et le magnésium, des éléments clés du contrôle de la pression artérielle. Voici un tableau des effets de ces minéraux sur la pression artérielle et une liste des aliments qui les fournissent.

Minéral	Effets	Sources
Potassium	Équilibre la quantité de sodium dans les cellules	Plusieurs fruits et légumes, les grains entiers, les légumineuses, les produits laitiers
Calcium	Aucune preuve de son aspect préventif, mais sa carence est reliée à l'hypertension	Produits laitiers, légumes à feuilles vertes, poissons aux arêtes comestibles, aliments additionnés de calcium
Magnésium	Sa carence est reliée à l'hypertension	Légumineuses, légumes à feuilles vertes, noix et grains entiers.

Bonnes sources de potassium

Ces aliments sont des sources de potassium dont la quantité varie de modérée à très élevée. (Pour la taille des portions, voir le tableau de la page 91.) Certains de ces aliments apparaissent plus d'une fois dans les listes à cause de leurs différents modes de préparation et de conservation.

Quantité	Fruits	Légumes	Autres
Modérée	Ananas, en conserve, frais ou jus Cerise, amère, en conserve Framboise Jus de raisin Mûre Orange mandarine Pamplemousse Pêche, en conserve ou fraîche Poire, fraîche Pomme, crue ou jus Prune, en conserve ou fraîche Raisin Raisins secs	Asperge Aubergine Brocofleur Brocoli Carotte, en conserve ou crue Chou Chou frisé Haricot vert Laitue Légumes mélangés, surgelés Maïs Navet Persil Pois Rhubarbe, fraîche ou surgelée	

Quantité	Fruits	Légumes	Autres
Élevée	Abricot, entier et séché Banane Cerise, rouge sucrée Datte Figue, crue séchée Fraise Goyave Jus de pruneau Jus d'orange Jus du fruit de la passion Kiwi Mandarine Mangue Melon d'eau Nectarine Orange Pruneau Artichaut	Betterave Brocoli Champignon Chou à feuilles lisses ou cabus et celui à feuilles cloquées dit chou de Milan, cuit Chou de Bruxelles Chou-rave Citrouille Cocktail de jus de légume Courge Courgette Épinard Haricot jaune ou beurre, en conserve Haricots séchés Jus de tomate Légumes mélangés, en conserve Okra Panais Patate sucrée, en conserve Pomme de terre, en purée, en morceaux ou en rondelles Pousse de bambou Rutabaga, cuit Tomate, en conserve entière ou en sauce à spaghetti	Beurre d'arachide, 30 ml [2 c. à table] Cacao, en poudre, 30 g [1 oz / 1/4 tasse (65 ml)] Lait, 250 ml [8 oz / 1 tasse (250 ml)] Yogourt, 250 g [1 tasse / 8 oz (250 ml)]
Très élevée	Baie de sureau Cantaloup Melon miel Papaye	Avocat Bette, bouillie Châtaigne d'eau, fraîche Chicorée Jus de carotte Patate sucrée au four Pomme de terre au four Pousse de bambou, crue	Croustilles, aromatisées [30 g / 1 oz] Lait au chocolat, 250 ml [8 oz ou 1 tasse (250 ml)] Substituts du sel de chlorure de potassium, 1,2 ml [1/4 c. à thé]

Que penser des suppléments alimentaires?

Une diète saine devrait contenir une quantité adéquate de potassium, de calcium et de magnésium. Une grande variété d'aliments assure l'apport de ces éléments nutritifs et des suppléments alimentaires ne sont pas nécessaires.

Si vous prenez un médicament diurétique qui cause une perte de potassium, votre médecin pourrait vous prescrire un supplément de potassium si votre diète ne vous en fournit pas suffisamment.

Les suppléments de calcium et de magnésium ne sont habituellement pas nécessaires pour contrôler l'hypertension.

Vos 15 meilleures sources de calcium

On recommande aux adultes de prendre entre 1 000 et 1 200 milligrammes de calcium chaque jour. Voici une liste d'aliments riches en calcium.

	Calcium (milligrammes)
Lait, sans gras ou allégé en gras, 250 ml [8 oz liquides ou 1 tasse (250 ml)]	300
Tofu additionné de calcium, 125 g [4 oz ou 1/2 tasse (125 ml)]	258
Yogourt, 250 g [8 oz ou 1 tasse (250 ml)]	250
Jus d'orange, additionné de calcium, 250 ml [8 oz liquides ou 1 tasse (250 ml)]	240
Céréales prêtes à servir, additionnées de calcium, 45 g [1-1/2 oz ou 1 tasse (250 ml)]	200
Fromage mozzarella, partiellement écrémé, 30 g [1 oz ou 1/4 tasse (65 ml)]	183
Saumon en conserve avec les arêtes, 90 g [3 oz]	181
Chou pommé à feuilles lisses ou chou cabus et chou à feuilles cloquées dit chou de Milan, cuits, 90 g [3 oz ou 1/2 tasse (125 ml)]	179
Fromage ricotta, partiellement écrémé, 60 g [2 oz ou 1/4 tasse (65 ml)]	169
Pain, additionné de calcium, 2 tranches	160
Fromage cottage, allégé en gras, 250 g [8 oz ou 1 tasse (250 ml)]	138
Fromage parmesan, 30 ml [2 c. à table]	138
Haricots blancs, cuits, 220 g [7 oz ou 1 tasse (250 ml)]	128
Navet, cuit, 90 g [3 oz ou 1/2 tasse (125 ml)]	125
Brocoli, cuit, 60 g [2 oz ou 1 tasse (250 ml)]	94

Sources ordinaires de magnésium

La magnésium se trouve dans une grande variété d'aliments et dans l'eau potable. Manger régulièrement des légumes à feuilles vertes, des grains entiers, des légumineuses et même de faibles quantités de viande, de volaille et de poisson vous fournira un apport adéquat. Les noix sont aussi de bonnes sources de magnésium.

Nouvelle approche à l'épicerie

Nul besoin de changer radicalement la façon de faire son marché pour bien manger. Cependant, des moyens simples peuvent aider à acheter plus sagement et à suivre le programme alimentaire DASH:

Préparer une liste. Déterminez les menus de la semaine et inscrivez les aliments dont vous aurez besoin sur votre liste d'épi- Le fait de commencer à manger des aliments plus nutritifs allongera votre liste de fruits, légumes, pains et céréales. Auparavant considérés plats d'accompagnement , des denrées comme les pâtes alimentaires, le riz et les légumineuses prendront aussi une place plus importante. Pensez aux petits-déjeuners et aux collations.

Acheter des produits frais. Les produits frais sont généralement meilleurs que les aliments préparés parce que vous contrôlez les ingrédients qui y sont ajoutés. De plus, les produits frais ont habituellement plus de saveur et de couleur.

Ne pas faire le marché l'estomac vide. Faire l'épicerie alors que vous avez faim peut vous inciter à acheter des articles dont vous n'avez pas besoin, le plus souvent des aliments regorgeant de gras, de kilojoules ou calories et de sodium.

Lire les étiquettes. Prenez le temps de lire les étiquettes. Elles vous aident à comparer les produits et à choisir les aliments les plus nutritifs.

Comment lire les étiquettes nutritionnelles

Depuis quelques années, les produits emballés vendus dans certains pays doivent porter une étiquette concernant l'information nutritionnelle. Ces renseignements permettent de voir d'un coup d'œil si un produit convient à votre régime alimentaire.

Chaque étiquette vous informe sur:

Portion recommandée. Vérifiez la quantité ou la grosseur d'une portion. Certaines étiquettes indiquent le nombre de portions contenues dans l'emballage. Vérifiez si la portion recommandée équivaut à la quantité que vous prenez actuellement. Si vous en mangez plus, le nombre des kilojoules ou calories et des éléments nutritifs que vous consommez est alors plus élevé. Si vous en mangez moins, ce nombre est plus faible.

Matières grasses. Utilisez cette information pour comparer les produits et pour surveiller la quantité de gras que vous absorbez. Limitez le gras à environ 65 grammes par jour. Cette quantité conserve votre absorption de gras au taux recommandé, soit moins de 30 pour cent de vos kilojoules ou calories quotidiennes, en se basant sur une diète de 8 400 kilojoules (2 000 calories).

Voici deux exemples d'étiquettes nutritionnelles, la deuxième étant celle exigée aux États-Unis depuis 1994:

Information nutritionnelle
Par portion de 125 ml (1/2 tasse)

Énergie	75 cal / 310 kJ
Protéines	3,2 g
Matières grasses	4,0 g
Glucides	8,5 g
Sodium	600 mg
Potassium	300 mg

POURCENTAGE DE L'APPORT QUOTIDIEN RECOMMANDÉ

Vitamine A	2%
Vitamine C	22%
Calcium	3%

Information nutritionnelle

1 portion = 114 g (1/2 tasse)
Nombre de portion = 4

Quantité par portion:

Calories 90   Kilojoules ou calories provenant
de matières grasses 30%

	Pourcentage de l'apport quotidien*
Total des matières grasses, 3 g	5%
Gras saturé, 0 g	0%
Cholestérol, 0 mg	0%
Sodium, 300 mg	13%
Total des glucides, 13g	4%
Fibres, 3 g	12%
Sucres, 3 g	
Protéines, 3 g	

Vitamine A	80%	Vitamine C	60%
Calcium	4%	Fer	4%

*Pourcentage de l'apport quotidien basé sur une diète de 2 000 calories. Votre apport quotidien peut être plus élevé ou plus faible selon vos besoins caloriques:

		Kilojoules	8 400	10 500
		Calories	2 000	2 500
Total des matières grasses	Moins de	65 g	80 g
Gras saturé	Moins de	20 g	25 g
Cholestérol	Moins de	300 mg	300 mg
Sodium	Moins de	2 400 mg	2 400 mg
Total des glucides		300 g	375 g
Fibres		25 g	30 g

Calories par gramme:

Matières grasses 9   Glucides 4   Protéines 4

Apport quotidien. Ces valeurs représentent les quantités recommandées d'éléments nutritifs et de fibres dans des diètes de 8 400 et 10 500 kJ (2 000 et 2 500 Cal) par jour. Le pourcentage de l'apport vous indique combien une portion vous en fournit, en se basant sur la diète de 8 400 kJ (2 000 Cal).

Pour ce qui est des matières grasses, du gras saturé, du cholestérol et du sodium, choisissez des aliments ayant le % d'apport quotidien le plus faible. Pour les glucides, les fibres alimentaires, les vitamines et les minéraux, tentez d'obtenir ou d'excéder 100% dans chaque cas.

Remplir votre garde-manger

On est plus enclin à préparer des plats nutritifs et sains si tous les ingrédients dont on a besoin sont à portée de la main. Vous n'avez aucun besoin d'aliments inhabituels ou difficiles à trouver pour bien manger. Vous devriez pouvoir trouver tout ce dont vous avez besoin dans un bon supermarché.

Voici des exemples d'aliments à emmagasiner lorsque vous faites l'épicerie:

Produits laitiers
Lait allégé ou sans gras
Fromage ricotta ou cottage allégé
  ou sans gras
Fromages allégés en gras
Crème sûre allégée ou sans gras
Margarine molle riche en matières
  grasses polyinsaturées

Fruits
Variétés ordinaires, frais
De saison, frais
En conserve dans leur jus ou dans
  l'eau
Surgelés sans sucre ajouté
Fruits séchés

Pain et céréales à grains entiers
Pain, baguels, pains pita
Tortillas faibles en gras
Céréales non sucrées, sèches ou
  cuites
Riz, brun ou blanc
Pâtes, nouilles ou spaghetti

Légumes
Variétés ordinaires, frais
De saison, frais
Surgelés, sans sauce ou beurre
Produits de la tomate faibles en
  sodium
En conserve ou sous forme de
  soupes, faibles en sodium

Légumes (sans sel ajouté)
Lentilles
Haricots noirs
Haricots rouges
Haricots blancs
Pois chiches

Ingrédients de pâtisserie
Margarine molle riche en matières
    grasses polyinsaturées
Huile d'olive vierge sous pression
Lait évaporé en conserve, allégé
    ou sans gras
Poudre de cacao non sucrée
Mélange à gâteau des anges

Viande
Viande blanche, poulet ou dinde
    sans peau
Poisson (sans panure)
Filet de porc
Bœuf haché très maigre
Steaks de bœuf de ronde ou
    d'aloyau

**Condiments, assaisonnements et
    mélanges à tartiner**
Sauces à salade allégées ou sans
    gras
Fines herbes
Épices
Vinaigres aromatisés
Salsa ou sauce piquante

Techniques d'une saine cuisson

Tout comme un repas délicieux, la nutrition est le résultat de bons ingrédients soigneusement choisis et préparés. Bien manger n'exige aucune technique de préparation inhabituelle ou compliquée. Il s'agit de changer des habitudes imbriquées dans la routine de préparation et de cuisson.

Pour contrôler votre hypertension et améliorer votre santé, essayez d'employer moins de sel et peu ou pas d'huile ou autres matières grasses.

Voici quelques trucs pour vous aider:

- Afin de rehausser la saveur des aliments sans ajouter de sel ou de gras, utilisez oignons, fines herbes, poivrons frais colorés, ail frais, gingembre frais, limes et citrons frais, vinaigres aromatisés, sherry ou autres vins et sauce soya à faible teneur en sel.
- Parsemez les légumes de fines herbes, d'épices ou de poudres à saveur de beurre pour remplacer le sel et le beurre.
- Coupez du tiers la quantité de viande que vous mettez dans vos ragoûts et mettez-y plus de légumes, de pâtes ou de riz.

- Dans les recettes, au lieu de produits laitiers riches en gras, utilisez ceux qui sont allégés ou sans gras, comme du fromage à la crème allégé ou de la crème sûre.
- Pour remplacer la totalité ou une partie du sucre d'une recette, utilisez de la cannelle, de la muscade, de la vanille ou un fruit. Ces ingrédients accentuent le goût sucré.
- Achetez de l'huile d'olive vierge sous pression comme anti-adhésif pour faire sauter ou faire brunir des aliments sans ajouter de gras. Si vous mettez normalement 15 ml d'huile végétale dans le poêlon, vous pouvez éliminer 504 kJ (120 Cal) et 14 g de matières grasses en utilisant l'huile d'olive vierge sous pression. Elle n'ajoute qu'un gramme de gras et peu de calories.
- Faites revenir oignons, champignons et céleri dans une petite quantité de vin, de bouillon allégé en sel ou d'eau plutôt que dans du beurre ou de l'huile.
- Faites griller, pocher, rôtir ou sauter vos aliments plutôt que toujours les faire frire.
- Afin d'en conserver la saveur et les jus, faites cuire le poisson dans du papier parcheminé ou du papier d'aluminium.

Voyez la page accueil de Mayo Clinic Health Oasis pour des recettes saines
Visitez notre page Internet *www.mayohealth.org* pour voir nos recettes savoureuses faibles en gras et en sodium, mais riches en éléments nutritifs. Vous pouvez trouver des recettes dans le Nutrition Center.

Bien manger au restaurant

Rien ne vous oblige à toujours manger à la maison pour bien vous nourrir. Vous pouvez prendre des repas nutritifs à l'extérieur de la maison. En fait, manger au restaurant vous offre la possibilité de déguster une gamme d'aliments nutritifs que vous n'avez pas à préparer vous-même.

Dans plusieurs restaurants, le menu offre un bon choix d'aliments sains. Certains restaurateurs consacrent même une section spéciale de leur menu à une alimentation plus saine. Rappelez-vous que dans plusieurs restaurants, on se fait un point d'honneur d'accéder à une demande spéciale en préparant un plat contenant moins de gras et de sodium.

Si le plat de résistance est trop généreux, demandez si on peut vous servir une portion plus petite, ou que l'on emballe la portion que vous n'aurez pas mangée pour l'emporter. Vous pourrez ainsi manger le lendemain la moitié du mets que vous ne mangez pas immédiatement. Vous avez également la possibilité de choisir un hors-d'œuvre comme repas ou partager le plat principal avec la personne qui vous accompagne.

Quoi commander

Suivre ces suggestions vous aidera à ne pas déroger à votre régime alimentaire en dehors de la maison:

Hors-d'œuvre. Choisir des hors-d'œuvre de légumes, fruits ou poisson, comme des légumes crus hachés, une compote de fruits frais ou un cocktail de crevettes, mais en les aromatisant avec le citron plutôt qu'en les nappant de sauce.

Soupe ou potage. Les bouillons ou soupes à base de tomates contiennent souvent beaucoup de sodium. Les veloutés, soupes de poisson ou de fruits de mer, potages et certaines soupes aux fruits comportent de la crème épaisse et des jaunes d'œuf. Il est souvent préférable d'éviter les soupes et potages et de choisir un fruit ou une salade.

Salade. Commander des salades de laitue ou d'épinard avec sauces à part. La salade César et la salade grecque débordent de gras, de cholestérol et de sodium. Les salades du chef sont également riches en gras, en cholestérol et en kilojoules ou calories à cause de la quantité de fromage, d'œufs et de viande qu'elles contiennent.

Pain. Si un panier contenant une variété de pains et pâtisseries est déposé sur la table, choisir du pain, des bâtonnets ou des baguels, en les mangeant tels quels ou avec un peu de miel, de confiture ou de gelée. Consommés avec parcimonie, ces derniers n'ont que peu de kilojoules ou calories. Les muffins, pains à l'ail ou croissants contiennent plus de matières grasses. Les craquelins peuvent avoir une forte teneur de sodium.

Plat d'accompagnement. Choisir une pomme de terre en robe des champs, des pommes de terre nouvelles bouillies, des légumes à l'étuvée, du riz ou un fruit frais plutôt que des frites, des croustilles, des oignons en rondelles ou des salades à la mayonnaise comme la salade de pommes de terre. Demandez que les légumes et le riz soient préparés sans beurre ni margarine.

Entrée ou plat principal. Opter pour des plats dont la description indique une faible teneur en gras, comme une grillade londonienne, une poitrine de poulet grillée, du poisson apprêté avec du citron ou des kébabs de bœuf grillés.

Éviter les plats dont la description indique une haute teneur en gras comme l'entrecôte de bœuf, le veau au parmesan, les crevettes farcies, le poulet frit ou le filet mignon avec sauce béarnaise.

Quant aux pâtes, choisir des pâtes avec sauce rouge ou aux palourdes. Éviter les pâtes farcies de viande ou de fromage, ou celles avec une sauce blanche contenant bacon, beurre, crème ou œufs.

Dessert. Commander un fruit frais ou un fruit épicé poché, un gâteau non garni accompagné d'une purée de fruit ou d'un sorbet.

Alcool. L'alcool contient beaucoup de matières grasses et de kilojoules ou calories. Trop d'alcool peut élever la pression artérielle. Si une consommation alcoolique est désirée, s'en tenir à un verre par jour pour une femme ou un homme à petite masse musculaire et de petite taille, et à deux verres par jour pour un homme de taille moyenne ou de grande taille. La relation entre l'alcool et la pression artérielle est traitée au Chapitre 8 (page 129).

Les cuisines exotiques

La cuisine nationale n'est pas la seule que l'on puisse manger lors d'une sortie au restaurant. Il est aussi possible de manger des mets exotiques.

Tout comme pour la cuisine nationale, le problème consiste à éviter l'excès de matières grasses et de sodium. Il arrive que le sodium soit inhérent à la cuisine d'un pays. À d'autres moments, certains plats exotiques s'enrichissent de gras et de sodium pour répondre aux goûts nationaux. Voici ce que vous devriez faire lorsque vous choisissez des mets exotiques:

Mets chinois. La cuisine chinoise est faite fondamentalement d'ingrédients faibles en gras comme les légumes et les grains entiers. Afin d'en profiter pleinement, évitez les plats frits et les grosses portions. Choisissez des mets étuvés ou dont l'appellation contient les mots Jum (poché), Chu (bouilli), Kow (rôti) ou Shu (grillé).

Évitez les fritures comme les hors-d'œuvre de nouilles frites et de rouleaux du printemps (eggrolls). Choisissez de plus des entrées au poulet et aux fruits de mer. Encore mieux, commandez un plat végétarien.

Plusieurs mets chinois se préparent avec des sauces salées, comme la sauce soya, ou le glutamate de sodium. Demandez que la sauce soit servie à part ou que l'on prépare le plat sans sauce soya ni glutamate de sodium.

Mets italiens. Les pâtes pauvres en gras sont à la base de plusieurs plats. Il s'agit de ne pas les couvrir de sauces riches. Choisissez des pâtes avec sauce rouge ou aux palourdes. Les sauces à base de tomates fraîches contribuent aussi à satisfaire l'apport quotidien en légumes. Recherchez les plats de poisson et de poulet préparés simplement. Le poulet en sauce au vin, le poisson grillé et les crevettes marinière (marinara) constituent de bons choix.

Évitez les mets contenant des sauces à la crème comme le fettucine alfredo, ou beaucoup de fromage comme la lasagne. Évitez aussi les mets fortement salés avec pancetta, prosciutto, bacon italien et jambon. En commandant une pizza, demandez qu'on y mette moins de fromage et de viande, mais plus de légumes.

Mets mexicains. Plusieurs restaurants mexicains offrent des plats très gras. Il est cependant possible de manger sainement dans un restaurant mexicain en sélectionnant bien ses plats.

Choisissez des mets sans trop de fromage, de crème sûre ou de guacamole. Commandez également des aliments sans friture. Vos meilleurs choix sont les fajitas, les burritos ou les tacos mous. Les fajitas constituent un choix spécialement bon parce que vous les remplissez vous-même. Plutôt que d'y mettre de la guacamole et de la crème sûre, ajoutez plus de légumes et de salsa. La salsa est sans gras et contient des tomates et des poivrons nutritifs.

Commandez des haricots noirs plutôt que des haricots frits car ils contiennent moins de gras. Le riz mexicain est parfois riche en sodium. Au lieu de croustilles avec salsa avant le repas, prenez de préférence des tortillas non garnies avec de la salsa.

Mets japonais. La cuisine japonaise est surtout constituée de poisson, de riz et de légumes, des aliments hautement nutritifs. Cependant, ils ont tendance à être extrêmement salés. Afin de limiter l'ingestion de sodium, éloignez-vous des mets contenant de la sauce soya ou autres sauces salées. Dans le doute, demandez le mode de préparation.

Autres mets exotiques. Les restaurants servant des cuisines méditerranéennes, sud-américaines et des îles du Pacifique offrent généralement une variété de mets sains.

Les fruits de mer en constituent le plus souvent la base. Demandez qu'ils soient grillés avec du citron et des fines herbes pour en rehausser la saveur. Les plats sautés sont aussi un bon choix. La viande est saisie et brunie sans beaucoup de corps gras ou de sauce sur un feu très vif qui en scelle les jus. Les aliments frottés avec des herbes ont également tendance à être savoureux et à contenir moins de gras et de sel.

Remettre les choses en place

Si dans ce chapitre, les suggestions pour bien manger semblent quelque peu harassantes, rappelez-vous qu'aucune règle n'est inflexible. Chacun des aliments que vous prenez ne doit pas absolument être une excellente source d'éléments nutritifs ou de fibres. Il est acceptable de manger occasionnellement des aliments un peu gras ou un peu salés. Mais tentez de manger des aliments qui favorisent une bonne santé. Avec le temps, cette approche d'une saine alimentation deviendra une habitude, et les bonnes habitudes sont aussi difficiles à briser que les mauvaises.

Résumé

Concepts clés à retenir dans ce chapitre:

- Une diète saine peut réduire la pression artérielle autant que certains médicaments.
- La diète DASH peut contribuer à abaisser la pression sanguine en favorisant la consommation de grains entiers, de fruits, de légumes et de produits laitiers allégés ou sans gras. La diète est faible en gras et riche en potassium, calcium et magnésium, des éléments nutritifs associés à une pression artérielle plus basse.
- Il est plus facile de bien manger en planifiant ses repas, en lisant les étiquettes, et en ayant des ingrédients sains dans son garde-manger.
- En cuisinant, il faut utiliser moins de sel, peu ou pas de matières grasses ou d'huiles, et chercher d'autres façons de rehausser la saveur des aliments.
- Au restaurant, il faut choisir les plats pauvres en gras et en sodium, et ne pas craindre de commander un plat spécial ou d'avoir des exigences spéciales.

Chapitre 7

Affranchissement du sel

De toutes les questions reliées à l'hypertension, aucune ne suscite plus de controverse que le sel, plus précisément, le sodium contenu dans le sel. Depuis environ 1970, les organismes sanitaires ont lancé des avertissements, plus spécialement aux gens atteints d'hypertension, de limiter l'ingestion de sodium. La recommandation émanait d'études démontant qu'une réduction du sodium peut abaisser la pression artérielle chez une personne «sensible au sodium».

Comment agir lorsqu'une personne n'est pas sensible au sodium? Comment interpréter les plus récentes études suggérant que le poids et les autres aspects de la diète peuvent être plus importants que de limiter le sodium?

Nous vous donnons quelques aperçus de la relation existant entre le sodium et la pression artérielle. Vous apprendrez de quelle façon le sodium peut affecter la pression artérielle et comment le limiter peut aider à contrôler l'hypertension, et enfin, pourquoi il est raisonnable et sécuritaire pour chacun d'éviter un excès de sodium.

Rôle du sodium

Le sodium est un minéral essentiel. Son rôle est principalement d'équilibrer les liquides du corps. Il aide aussi à la transmission des impulsions nerveuses commandant la contraction et la décontraction des muscles.

Plusieurs aliments contiennent naturellement du sodium. Cependant, la majeure partie du sodium que nous absorbons provient de ses composés ajoutés à la nourriture durant sa transformation commerciale et au cours de la préparation des repas à la maison (voir «Additifs alimentaires à base de sodium»). Le sel (chlorure de sodium) est la source la plus connue de sodium. Il contient 40 pour cent de sodium et 60 pour cent de chlorure.

Le corps a besoin de 500 mg de sodium chaque jour. C'est un peu plus de 1,2 ml ou 1/4 de cuillère à thé. Cependant, la plupart des gens en consomment 3 000 à 4 000 mg par jour.

Les reins régularisent la quantité de sodium dans le corps. Lorsque les niveaux de sodium sont faibles, ils conservent le sodium. Lorsque les niveaux de sodium sont élevés, ils en éliminent par l'urine.

Cependant, il arrive que les reins ne puissent éliminer le sodium. Le surplus s'accumule dans le sang, et parce que le sodium attire et retient l'eau, le volume sanguin augmente. Le cœur doit travailler plus fort pour pousser la masse sanguine dans les vaisseaux, ce qui augmente la pression dans les artères. Les maladies du cœur, des reins, du foie et des poumons peuvent toutes conduire à une incapacité de régulariser le sodium. De plus, certaines personnes sont tout simplement plus sensibles que d'autres à la présence de forts niveaux de sodium dans le sang.

Sensibilité au sodium

Les gens réagissent différemment au sodium. Certaines personnes, tant en bonne santé qu'atteintes d'hypertension, peuvent en consommer autant qu'elles le désirent en affectant peu ou pas leur pression artérielle.

Pour d'autres, un taux élevé de sodium entraîne une élévation rapide de la pression artérielle, provoquant souvent l'hypertension.

On appelle cette condition «sensibilité au sodium ou au sel».

Environ 40 pour cent des gens hypertendus sont sensibles au sodium. C'est un état plus répandu chez les personnes de race noire d'origine afro-américaine et chez les adultes de 65 ans ou plus. De plus, les gens souffrant de diabète ont tendance à être plus sensibles aux niveaux élevés de sodium. La cause exacte de cette sensibilité est inconnue. La génétique peut jouer un rôle dans certains cas, particulièrement dans la population noire.

Il est difficile de découvrir une sensibilité au sodium autrement qu'en limitant sa consommation pour vérifier s'il en

Additifs alimentaires à base de sodium

Ces composés du sodium sont généralement ajoutés aux aliments durant leur transformation ou à la cuisson.

Sel (chlorure de sodium)

Utilisé dans la cuisson ou à table; aussi pour la mise en conserve et la préservation.

Glutamate de sodium (MSG)

Exaltateur de saveur utilisé dans la cuisson à la maison et dans les restaurants, ainsi que dans plusieurs aliments emballés, en conserve ou surgelés.

Soda à pâte (bicarbonate de soude)

Parfois utilisé pour le levage des pains et gâteaux; parfois ajouté aux légumes durant la cuisson; utilisé comme alcalinisant lors d'indigestion.

Poudre à pâte

Mélange de bicarbonate de soude, d'amidon et d'un acide pour le levage rapide des pains et gâteaux.

Phosphate disodique

Présent dans certaines céréales à cuisson rapide et fromages transformés.

Alginate de sodium

Utilisé pour une texture plus lisse dans plusieurs laits et crèmes glacées au chocolat.

Benzoate de sodium

Utilisé comme agent de conservation dans plusieurs condiments tels achards (relish), sauces et sauces à salade.

Hydrate de sodium

Utilisé dans la transformation des aliments pour amollir et enlever la peau des olives mûres et de certains fruits et légumes.

Nitrate de sodium

Utilisé dans les viandes et saucisses fumées.

Propionate de sodium

Utilisé dans le fromage pasteurisé et dans certains pains et gâteaux pour prévenir la croissance de moisissures.

Sulfite de sodium

Utilisé pour blanchir certains fruits comme les cerises au marasquin et les fruits glacés ou cristallisés qui doivent être colorés artificiellement; utilisé comme agent de conservation de certains fruits séchés comme les pruneaux.

De Sodium and Blood Pressure, American Heart Association, 1996. Avec permission. (Sodium et pression artérielle, de la fondation américaine pour les maladies du cœur).

résulte une baisse de la pression artérielle. Des tests médicaux peuvent indiquer avec précision la réaction à différents niveaux de sodium, mais le faire n'est ni pratique ni nécessaire.

Si vous êtes sensible au sodium, suivre une diète faible en sodium est susceptible d'abaisser sensiblement votre pression artérielle. Si vous faites de l'hypertension, votre médecin peut aussi recommander un médicament diurétique pour éliminer le liquide en surplus dans le sang. Même en prenant un diurétique, vous devez quand même éviter d'ingérer trop de sodium. Si vous ne le faites pas, le médicament peut faire perdre des quantités excessives d'autres minéraux essentiels, comme le potassium et le magnésium.

Recommandations actuelles

Aux États-Unis, le programme éducatif national sur l'hypertension, National High Blood Pressure Education Program, recommande de limiter le sodium à 2 400 mg par jour. C'est l'équivalent d'environ 5 ml (1 c. à thé) par jour.

Plusieurs organismes et professionnels de la santé appuient cette recommandation, y compris les médecins de la division de la clinique Mayo vouée à l'hypertension, Mayo Clinic's Division of Hypertension, et voici les raisons pour lesquelles ils le font:

- Si vous êtes hypertendu et sensible au sodium, le réduire peut abaisser la pression artérielle. Limiter le sodium et changer d'autres habitudes de vie, comme avoir une diète saine et augmenter le niveau d'activité, peuvent suffire à éviter une médication pour contrôler la pression artérielle.
- Si vous prenez un médicament pour l'hypertension, limiter le sodium peut augmenter l'efficacité de la médication.
- Si vous présentez un risque d'hypertension, limiter le sodium et changer d'autres habitudes de vie peuvent prévenir la maladie.
- Si vous êtes en santé, limiter le sodium comme partie intégrante d'une diète saine est sûr et raisonnable. De plus, cela peut contribuer à éviter le risque d'hypertension en prenant de l'âge, au moment où l'hypertension a une plus grande prévalence et que souvent, la sensibilité au sodium augmente.

Bien qu'il ne soit pas prouvé que réduire le sodium entraîne une réduction du risque d'hypertension, des études touchant de gros échantillonnages de la population démontrent que si on limite leur consommation de sodium, leur pression artérielle baisse. On compte aussi moins de décès par crise cardiaque ou accident vasculaire cérébral. Ceci laisse entendre que réduire le sodium pourrait être bénéfique pour le citoyen moyen, spécialement si une personne a des antécédents familiaux d'hypertension.

Controverse

Depuis qu'on a recommandé à tous de limiter l'ingestion de sodium il y a 30 ans, la controverse n'a jamais cessé, surtout parce que les données reliées au sodium et à l'hypertension ne sont pas très précises et peuvent s'interpréter différemment. De plus, les résultats d'études plus récentes n'ont pas contribué à mettre fin au débat.

Trois principaux sujets alimentent la controverse:
- Des études démontrent que si des gens ayant une pression artérielle normale réduisent leur ingestion de sodium, la pression artérielle diminue très peu, sinon pas du tout.
- Des études récentes suggèrent que perdre du poids et suivre une diète axée sur les grains entiers, les fruits, les légumes, les produits laitiers allégés en gras et des niveaux modérés de sodium, pourraient être deux gestes plus importants pour contrôler la pression artérielle qu'uniquement limiter le sodium.
- Une étude de 1998 publiée dans le journal médical, The Lancet, a constaté un plus grand nombre de crises cardiaques après coup chez les gens qui avaient absorbé très peu de sodium que chez les personnes qui en avaient consommé davantage. Au moins une autre étude a présenté une conclusion semblable.

Les représentants officiels du programme éducatif national sur l'hypertension, National High Blood Pressure Education Program, continuent de suivre l'information scientifique concernant le sodium et la pression artérielle. Leur prise de position est à l'effet que le gros de la preuve suggère qu'éviter le sodium est raisonnable et sécuritaire. Ils croient également que chez les gens sensibles au sodium, son contrôle est aussi important que de changer d'autres habitudes de vie, y compris manger sainement et perdre du poids. De plus, même si réduire le sodium n'offre qu'un bienfait minime à certaines personnes, ce geste peut avoir un impact majeur pour la population en général dans la prévention de la maladie, et la réduction des crises cardiaques et accidents vasculaires cérébraux reliés à l'hypertension.

Que faire?

Si un médecin ou un diététiste diplômé suggère de réduire l'ingestion de sodium pour abaisser la pression artérielle, c'est un conseil à suivre. Même si on ne vous conseille pas de réduire le sodium, vous devriez tenter d'en limiter la consommation quotidienne.

Il est possible de réduire le sodium de plusieurs façons:

Acheter plus de produits frais et moins d'aliments préparés. Les produits frais contiennent habituellement moins de sodium que les aliments préparés. La plupart des légumes frais sont naturellement faibles en sodium. Les légumes et les jus de légumes en conserve, comme le jus de tomate, sont habituellement additionnés de sel. Les fruits sont généralement faibles en sodium, qu'il soient frais, surgelés ou en conserve.

La viande fraîche est plus faible en sodium que les viandes transformées, comme le bacon, les saucisses fumées et le jambon. On ajoute du sodium à tous ces aliments pour en rehausser la saveur et pour les conserver.

On ajoute du sodium dans les soupes, repas surgelés et autres produits d'alimentation rapide au moment de leur transformation. Les aliments de collations tels croustilles de pommes de terre, croustilles de maïs, bretzels, maïs soufflés, craquelins et noix sont souvent fortement additionnés de sel. Il est préférable de les manger parcimonieusement.

Rechercher les produits faibles en sodium. Certains aliments préparés riches en sodium sont aussi préparés en version allégée ou sans addition de sel. On trouve des soupes, bouillons, légumes et jus de légumes en conserve, viandes transformées maigres, ketchup et sauce soya allégés en sel.

Ce n'est pas parce qu'un aliment est allégé en gras ou en kilojoules qu'il est faible en sodium. Parfois, du sodium est ajouté en quantité encore plus grande pour en rehausser la saveur.

Lire les étiquettes. L'étiquette donnant l'information nutritionnelle vous indique la quantité de sodium par portion. Si le sodium se trouve parmi les trois premiers ingrédients de la liste, le produit a une teneur élevée en sodium. Regardez aussi les autres sources de sodium, comme le glutamate de sodium (MSG), le soda à pâte ou bicarbonate de soude et la poudre à pâte.

Rééduquez vos papilles gustatives

Une diète à faible teneur en sodium peut sembler insipide pendant quelques semaines, mais vos papilles gustatives s'y adaptent éventuellement. Un goût pour le sel n'est pas inné, mais acquis. Tout comme vous avez appris à vos papilles à aimer le sel, vous pouvez leur apprendre à apprécier des aliments moins salés.

En utilisant moins de sel, votre préférence pour les aliments salés s'amenuisera, vous permettant alors d'apprécier l'aliment pour lui-même. La plupart découvrent qu'après quelques semaines d'une ingestion réduite de sodium, le sel ne leur manque plus.

Certains médicaments grand public ou vendus sans ordonnance contiennent aussi de grandes quantités de sodium. Ils comprennent certains antiacides, alcalinisants (Alka-Seltzer, Bromo Seltzer), laxatifs et produits contre la toux. Si on utilise souvent un tel produit, il faut lire l'étiquette et s'informer de sa teneur en sodium auprès du pharmacien. Essayez d'acheter ces produits avec des marques sans sodium. Si c'est impossible, demandez à votre médecin de vous suggérer d'autres médicaments équivalents mais contenant moins de sodium.

Ne pas ajouter de sel en cuisinant. Des épices, des fines herbes, du piment, du jus de citron, des oignons, de l'ail frais, du sherry et d'autres vins donnent autant de saveur aux aliments que le sel. Vérifiez les étiquettes des pots d'épices pour vous assurer qu'ils ne contiennent pas de sodium.

Ne pas saler à table. Si les aliments semblent fades, essayez un autre condiment, comme le citron, le piment ou un mélange de fines herbes sans sodium.

Limiter l'utilisation des condiments. Les sauces à salade, sauces en général, trempettes, ketchups, moutardes et achards contiennent du sodium. En utilisant moins de sel, vous pourriez

Assaisonnez et épicez!

Il est facile de donner bon goût aux aliments sans utiliser de sel. Voici des suggestions de fines herbes, d'épices et d'aromates que vous pouvez utiliser pour faire éclater la saveur de certains aliments.

Viande, poulet, poisson

Bœuf	Feuille de laurier, moutarde sèche, marjolaine, muscade, oignon, piment, sauge, thym
Poulet	Aneth, gingembre, origan, paprika, persil, romarin, sauge, estragon, thym
Poisson	Feuille de laurier, cari, moutarde sèche, jus de citron, paprika, aneth
Agneau	Atoca ou canneberge, cari, ail, romarin
Porc	Atoca ou canneberge, ail, oignon, origan, piment, sauge
Veau	Feuille de laurier, cari, gingembre, origan

Légumes

Brocoli	Jus de citron, origan
Carotte	Cannelle, clou, muscade, romarin, sauge
Chou-fleur	Muscade, estragon
Maïs	Échalote, cumin, poivron vert, paprika, persil, tomate fraîche
Haricot vert	Aneth, sauce à salade à la française sans sel, jus de citron, muscade, estragon
Pois	Menthe, oignon, persil
Pomme de terre	Aneth, ail, poivron vert émincé, oignon, persil, sauge
Tomate	Basilic, aneth, oignon, origan, persil, sauge

Soupes faibles en sodium

Crèmes	Feuille de laurier, aneth, paprika, poivre, estragon
Aux légumes	Basilic, feuille de laurier, cari, aneth, ail, oignon, origan

Autres

Fromage cottage	Graines de carvi, poivre rouge ou de Cayenne, ciboulette, aneth
Maïs soufflé	Cari, poudre d'ail, poudre d'oignon
Riz	Basilic, cumin, cari, poivron vert, origan
Salades	Basilic, aneth, jus de citron, persil, vinaigre.

Bien comprendre les teneurs en sodium

Sur les étiquettes des produits alimentaires, vous trouverez plusieurs annotations concernant le sodium. Voici ce qu'elles signifient vraiment:

Sans sodium. Chaque portion contient moins de 5 milligrammes (mg) de sodium.

Très faible en sodium. Chaque portion contient 140 mg de sodium ou moins.

Léger ou allégé en sodium. La teneur en sodium a été réduire d'au moins 50 pour cent.

Réduit en sodium. Le produit contient 25 pour cent moins de sodium que le produit original.

Non salé ou sans sel ajouté. Aucun sel n'a été ajouté durant la transformation ou préparation d'un aliment qui contient naturellement du sel. Cependant, même les aliments portant cette annotation peuvent contenir beaucoup de sodium.

Règle générale, les diététiciens de la clinique Mayo recommandent de planifier la plupart des repas avec des aliments ne contenant pas plus de 200 mg de sodium par portion. Pour les plats principaux, il faut rechercher ceux qui ne dépassent pas 600 mg de sodium par repas.**Étiquettes alimentaires:**étiquettes nutritionnelles

être tenté d'utiliser plus de condiments. Les cornichons et les olives ont une très forte teneur en sodium.

Rincer les aliments en conserve. Rincer les légumes et les viandes en conserve aide à enlever un peu de sodium. Mais ne comptez pas sur cette opération comme moyen de réduire le sodium. Rincer n'enlève qu'environ le tiers du sodium. Il est préférable d'acheter des produits frais ou des préparations allégées en sodium.

Guide sodique

La diète DASH dont on a parlé au chapitre précédent suggérait les aliments et le nombre de portions à manger pour réduire la pression artérielle. Le guide qui suit est un complément à cette diète. Il fournit la liste des aliments faibles en sodium pouvant être consommés plus souvent et la liste des aliments à forte teneur en sodium à éviter ou à manger à l'occasion seulement.

Si vous tentez de perdre du poids, un diététiste peut adapter ces concepts directeurs selon vos besoins précis.

Viande et substituts de la viande

Consommez:

- la viande fraîche ou surgelée de bœuf, de porc, d'agneau, de veau, de volaille ou de gibier
- la chair fraîche ou surgelée de poisson, crevettes, coquilles Saint-Jacques et palourdes, sans panure et non conservée dans la saumure ou le sel
- le fromage portant la mention allégé en sel ou sans sel
- le fromage cottage, pressé sec ou faible en sodium
- les œufs
- le beurre d'arachide ou beurre de cacahuète sans addition de sel ou les arachides non salées
- le thon ou autres poissons et fruits de mer en conserve, sans addition de sel
- les repas surgelés pour four à micro-ondes contenant moins de 600 mg de sodium chacun.

Limitez (2 ou 3 fois par semaine):

- le fromage ordinaire et le fromage naturel moyennement âgé, comme le brick, le Monterey Jack, le cheddar doux
- le beurre d'arachide ou cacahuète ordinaire et les arachides salées
- le thon et autres poissons et fruits de mer en conserve, avec sel réduit de 50% à 60 %
- les fromages fondus et les viandes transformées à teneur réduite en sodium
- le homard et le crabe.

Évitez:
- la viande, la volaille et le poisson salés, en saumure ou fumés, comme le bacon, le bœuf fumé, le bœuf mariné, le saucisson, le jambon, le pâté ou la saucisse
- le fromage fondu et le fromage à tartiner
- le hareng, les œufs et les viandes marinées
- les noix salées
- les repas surgelés pour four micro-ondes contenant plus de 600 mg de sodium chacun.

Matières grasses et huiles
Consommez:
- l'huile, la margarine ou le beurre
- les sauces à salade faibles en sodium
- la mayonnaise et les sauces au jus non salées
- le fromage à la crème, la crème sûre.

Évitez:
- les sauces à salade, les sauces au jus, les produits à tartiner et les sauces contenant plus de 180 mg de sodium par portion.

Lait
Consommez:
- le lait écrémé, allégé, ou entier, et le yogourt.

Limitez (2 ou 3 fois par semaine):
- le babeurre commercial
- les mélanges instantanés contenant plus de 200 mg de sodium par portion.

Grains entiers et féculents
Consommez:
- les grains entiers contenant moins de 180 mg de sodium par portion, comme le pain, les petits pains, les baguels, les muffins anglais et les céréales
- les pains rapides comme les crêpes et les biscuits faits à la maison
- les muffins ordinaires

- les craquelins sans sel, les biscuits graham et les toasts melba
- les pommes de terre, le riz ou les pâtes alimentaires
- le maïs soufflé, les bretzels ou les croustilles non salés
- les soupes, les consommés et les bouillons en conserve à faible teneur de sodium.

Évitez:
- les grains entiers contenant plus de 180 mg de sodium par portion
- les pains rapides comme les crêpes et les biscuits faits de mélanges commerciaux
- le maïs soufflé salé
- les mélanges à soupe séchés ou en poudre et les soupes, consommés et bouillons en conserve ordinaires
- les aliments prêts à servir surgelés ou en conserve préparés commercialement, sauf s'ils sont étiquetés comme étant allégés en sodium
- la pâte à pâtisserie surgelée préparée commercialement.

Légumes
Consommez:
- les légumes frais ou surgelés sans sel ou les légumes en conserve sans addition de sel
- les jus de tomate et cocktail de légumes sans addition de sel, les produits à base de tomate en conserve sans addition de sel.

Évitez:
- les produits à base de tomate en conserve avec sel ajouté
- les légumes surgelés ou en conserve préparés commercialement avec sel ajouté, sauce ou panure
- les jus de tomate et cocktail de légumes salés
- la choucroute et les marinades de légumes.

Fruits
Consommez:
- les fruits frais, surgelés ou en conserve.

Évitez:
• les fruits séchés avec un composé du sel.

Desserts et friandises

Consommez:
• les desserts faits à la maison, les mélanges à pouding et les poudings cuits contenant moins de 200 mg par portion
• les fruits frais, les gélatines, les glaces aux fruits, les sorbets, le gâteau sans garniture, la meringue, la crème glacée et le yogourt glacé
• les confitures, gelées et miels
• les bonbons durs et les bonbons mous.

Évitez:
• les mélanges en boîte, comme les gâteaux, muffins et biscuits, contenant plus de 200 mg par portion
• les desserts et bonbons préparés avec des noix salées
• les pâtes à pâtisserie surgelées et gâteaux au café préparés commercialement
• les poudings et garnitures pour tarte instantanés, les tartes à la crème et aux fruits.

Breuvages

Consommez:
• de l'eau
• des jus de fruits ou breuvages aux fruits et limonade
• du café et du thé ordinaires et décaféinés.

Limitez (1 ou 2 portions par jour):
• les boissons préparées avec de la poudre de cacao
• les boissons gazeuses sucrées ou sans sucre.

Eau du robinet:
• la teneur en sodium varie selon les réserves d'eau locales. L'eau adoucie par procédé chimique peut contenir du sodium ajouté. Discutez de la consommation d'eau adoucie avec un diététiste diplômé.

Évitez:
- les mélanges à cocktail, les mélanges instantanés comme ceux vendus pour le lait au chocolat ou le cacao instantanés, et les boissons sportives commerciales.

À noter: Choisir des breuvages contenant moins de 70 mg de sodium par portion.

Assaisonnements et condiments

Consommez:
- les fines herbes, épices, mélanges d'épices ou de fines herbes NON salées
- la poudre d'ail, la poudre d'oignon et le poivre
- les cubes ou granules de bouillon sans sel
- les ketchups, moutardes et sauces barbecue non salés
- le jus de citron, les extraits aromatiques et le vinaigre
- le raifort préparé
- le vin de table (pas le vin de cuisson).

Limitez (1 ou 2 fois par semaine):
- les moutardes et ketchups ordinaires, 15 ml (1 c. à table)
- les sauces pour la viande ou le barbecue ordinaires, 15 ml (1 c. à table)
- la salsa commerciale, 15 ml à 30 ml (1 - 2 c. à table).

Évitez:
- les sels d'assaisonnement, comme le sel de céleri, le sel d'ail et le sel d'oignon
- les attendrisseurs de viande
- les olives et les cornichons
- les sauces soya, tériyaki et le glutamate de sodium (MSG)
- le vin de cuisson.

Substituts du sel

Avant d'utiliser un substitut du sel, vérifiez auprès de votre médecin.

Certains substituts ou sels «légers» contiennent un mélange de chlorure de sodium (sel) et autres composés. Pour retrouver le goût familier du sel, une personne pourrait en arriver à utiliser plus de substituts du sel que de sel ordinaire, ce qui aboutirait à une ingestion aussi importante qu'auparavant de sodium, sans aucune réduction.

De plus, le chlorure de potassium est un ingrédient employé couramment dans les substituts du sel. Trop de potassium peut nuire dans les cas de problèmes rénaux, d'utilisation d'un ou plusieurs antihypertenseurs ou d'insuffisance cardiaque. Les médicaments antikaliurétiques forcent les reins à conserver le potassium. Si vous prenez un médicament antikaliurétique et utilisez un substitut du sel qui contient du potassium, un surplus de potassium pourrait s'accumuler dans l'organisme. Les effets secondaires possibles d'une telle situation comprennent des troubles du rythme cardiaque.

Résumé

Concepts clés à retenir dans ce chapitre:

- Le sodium augmente sensiblement la pression artérielle des gens qui y sont sensibles.
- Environ 40 pour cent des personnes faisant de l'hypertension sont sensibles au sodium. Une personne est plus susceptible de présenter une sensibilité au sodium si elle est de race noire, a 65 ans ou plus ou est diabétique.
- Hypertendu ou en bonne santé, limiter la consommation de sodium à 2 400 mg par jour est raisonnable et sécuritaire.
- Les aliments transformés contiennent généralement plus de sodium. Les aliments frais ont tendance à en contenir moins.
- On peut utiliser des fines herbes, des épices et autres aromates plutôt que du sel pour rehausser la saveur des aliments.
- Il ne faut pas utiliser un substitut du sel sans d'abord consulter le médecin. Un substitut du sel n'est pas recommandé dans les cas de maladie rénale, d'utilisation d'un médicament pour l'hypertension ou d'insuffisance cardiaque.

Chapitre 8

Tabac, alcool
et caféine

Tous les jours, des millions de personnes s'assoient dans un fauteuil et se détendent pendant quelques minutes en grillant une cigarette. Il y a fort à parier que ces gens font partie de ceux qui occasionnellement consomment une boisson alcoolique ou se permettent régulièrement une tasse de café ou de thé contenant de la caféine ou encore, une boisson gazeuse qui en contient aussi.

Même chez une personne en santé, le tabac, l'alcool et la caféine peuvent provoquer une élévation de la pression artérielle à un niveau nuisible. Mais si cette personne est hypertendue ou à risque, elle doit être particulièrement attentive à l'effet potentiel de ces substances sur la pression artérielle.

Il est évident que fumer constitue un danger. Afin de réduire le risque des complications de l'hypertension, ne fumez pas. Quant à l'alcool et à la caféine, ils demeurent des petits plaisirs que la plupart des gens hypertendus peuvent continuer à savourer, mais avec modération.

Tabac et hypertension

Parmi les personnes souffrant d'hypertension, environ une sur trois fume. Faire de l'hypertension augmente le risque de crise cardiaque ou d'accident vasculaire cérébral. Cependant, si une personne hypertendue fume malgré tout, elle est de trois à cinq fois plus susceptible de mourir de crise cardiaque ou d'insuffisance cardiaque qu'une personne qui ne fume pas. De plus, le risque de mourir d'accident vasculaire cérébral est plus que doublé.

Influence du tabac sur la pression artérielle

La nicotine du tabac élève la pression artérielle peu de temps après une première inhalation. De même que plusieurs autres produits chimiques présents dans la fumée du tabac, la nicotine est captée par les minuscules vaisseaux sanguins des poumons et distribuée dans la circulation sanguine. La nicotine ne prend qu'environ 10 secondes pour atteindre le cerveau. Il y réagit en commandant aux glandes surrénales de libérer de l'adrénaline. Cette puissante hormone rétrécit les vaisseaux sanguins, obligeant le cœur à pomper plus fort sous une plus grande pression.

Après seulement deux cigarettes, tant la pression systolique que la pression diastolique s'élèvent en moyenne d'à peu près 10 mm Hg. La pression artérielle demeure à ce niveau élevé encore 30 minutes après avoir éteint une cigarette. Au fur et à mesure que les effets de la nicotine s'amenuisent, la pression artérielle redescend. Cependant, chez un gros fumeur, la pression artérielle demeure à un niveau élevé presque toute la journée.

En plus de provoquer la libération d'adrénaline, fumer a d'autres effets néfastes. Les produits chimiques du tabac peuvent endommager les parois artérielles internes, les prédisposant à la formation de plaques athéromateuses qui rétrécissent les artères. Le tabac provoque également la libération d'hormones qui causent une rétention des liquides. Ces deux facteurs, rétrécissement des artères et fluides accrus, peuvent mener à l'hypertension.

Cesser de fumer est crucial

Cesser de fumer peut abaisser la pression artérielle de quelques points seulement. Mais le faire est important pour deux raisons.

Premièrement, pour augmenter l'efficacité de la médication. Fumer empêche certains médicaments antihypertenseurs d'agir comme ils le devraient, bloquant même totalement l'effet de certains.

Deuxièmement, et encore plus important, cesser de fumer réduit considérablement le risque de crise cardiaque, d'insuffisance cardiaque et d'accident vasculaire cérébral. À cause des dommages que l'hypertension cause aux artères, une personne hypertendue a déjà un risque accru de souffrir de ces conditions, car l'apport de sang au cœur et au cerveau peut être réduit. De plus, le risque de formation d'un caillot sanguin augmente.

Fumer endommage aussi les artères et présente les mêmes dangers cardiovasculaires. En conséquence, si on associe hypertension et tabagisme, le risque de crise cardiaque, d'insuffisance cardiaque ou d'accident vasculaire cérébral est énorme .

Briser la dépendance au tabac

Il n'existe pas de méthode parfaite pour cesser de fumer. Quelques personnes peuvent tout simplement écraser une dernière cigarette et ne plus jamais fumer. Pour d'autres, cesser de fumer exige plusieurs tentatives et différentes approches.

Cesser de fumer et réparer les dommages

Plusieurs personnes continuent de fumer parce qu'elles jugent impossible de réparer les dommages causés à l'organisme. Elles pensent que cesser de fumer est irréalisable, sachant que plusieurs fumeurs ont tenté d'arrêter sans y parvenir. Certaines d'entre elles croient également que cesser de fumer les condamne à engraisser. Toutes ces supposition sont fausses.

Quant au corps, sa capacité de se régénérer est inouïe. À la fin d'une première année sans tabac, le risque de crise cardiaque commence à diminuer, et après 5 ans il est quasiment le même que chez ceux qui n'ont jamais fumé. En plus, après 10 ou 15 ans, le risque de cancer du poumon et autres cancers associés au tabagisme est à peu près égal à celui des personnes qui n'ont jamais fumé.

Il est vrai qu'environ 75 pour cent des fumeurs n'arrêtent pas de fumer lors d'une première tentative. Mais cesser de fumer s'apprend comme toute autre chose. Il faut souvent plusieurs tentatives pour y arriver et une mauvaise expérience ne devrait empêcher personne de renouveler l'expérience. En fait, vous pouvez tirer profit de vos erreurs et des tentatives précédentes, augmentant ainsi vos chances de réussite.

Il est également vrai que certaines personnes engraissent lorsqu'elles cessent de fumer. Cependant, leur nombre est habituellement faible, et la plupart prennent en moyenne 2,3 kg (5 livres).

Mais vous êtes capable de cesser de fumer puisque tant d'autres l'ont fait. Suivre ces étapes peut augmenter vos chances de réussite.

1ière étape: Faites vos devoirs. De cette façon vous saurez à quoi vous en tenir. Vous pouvez ressentir des symptômes physiques de sevrage pendant au moins 10 jours. Les symptômes les plus communs sont l'irritabilité, l'anxiété et le manque de concentration. Après coup, vous aurez peut-être encore envie de griller une cigarette dans une situation où vous aviez l'habitude de fumer, comme après un repas ou en conduisant la voiture. Ces envies sont généralement brèves, mais elles peuvent être très fortes.

En sachant à quoi vous attendre et en planifiant des activités de remplacement, vous serez mieux préparé à affronter ces rages. Ces activités peuvent consister à mâcher de la gomme après un repas ou à mâchonner des bâtonnets de carotte ou des bretzels à faible teneur en sel en conduisant pour vous occuper les mains.

La plupart des rechutes surviennent dans les 4 semaines qui suivent l'abandon du tabac. Souvent, la rechute se produit non seulement à cause de la forte dépendance à la nicotine, mais aussi parce que le fumeur n'avait pas bien planifié son abandon.

2e étape: Déterminez une date. Arrêter brutalement semble donner de meilleurs résultats qu'une réduction graduelle. Choisissez alors soigneusement une date pour arrêter de fumer. Ne tentez pas de le faire à un moment où vous savez que votre niveau de stress sera élevé.

Plusieurs choisissent de cesser de fumer au cours d'un voyage de repos. Une bonne raison pour le faire, puisque durant vos vacances, vous changez votre routine, et il est alors plus facile de briser ce rituel quand vous n'êtes pas au travail ou à la maison.

3e étape: Annoncez votre décision. Jouir du soutien de votre famille, de vos amis et de vos collègues peut vous aider à atteindre plus rapidement votre but. Toutefois, beaucoup de fumeurs taisent leur projet et agissent en secret. Ils ne veulent pas être considérés comme des faibles s'ils se remettent à fumer.

Rappelez-vous que pour beaucoup de gens, trois tentatives ou plus sont nécessaires pour cesser de fumer. Vous n'avez aucune raison de vous sentir diminué simplement parce que vos efforts n'ont pas donné les résultats escomptés. Rechercher l'aide d'au moins une personne peut augmenter vos chances de succès.

4e étape: Commencez à changer votre routine. Avant votre date prévue pour cesser de fumer, réduisez le nombre des endroits où vous fumez. Par exemple, ne fumez plus dans votre véhicule, et ne fumez que dans une seule pièce de la maison ou dans le jardin. Cette approche contribuera à réduire vos envies de fumer et vous vous sentirez plus à l'aise d'être dans ces endroits sans fumer.

5e étape: Discutez d'une médication avec votre médecin. La nicotine est une substance qui crée une très forte dépendance. Le manque de nicotine peut produire de l'irritabilité, de l'anxiété et des difficultés de concentration. Il existe des médicaments qui peuvent amoindrir les symptômes de sevrage et augmenter vos chances de réussir (voir «Médicaments pour aider à cesser de fumer»).

6e étape: Vivez un jour à la fois. Le jour prévu pour cesser de fumer, arrêtez complètement. Concentrez-vous à vivre sans fumer, un jour à la fois seulement.

7e étape: Évitez les tentations. Modifiez les situations dans lesquelles vous aviez l'habitude de fumer. Quittez la table immédiatement après les repas si c'est à ce moment-là que vous fumiez. Allez plutôt faire une marche. Si vous fumiez au téléphone, évitez les longues conversations téléphoniques ou changez d'endroit pour parler. Si vous aviez un fauteuil favori pour fumer, évitez de l'utiliser.

Vous serez bientôt apte à prévoir vos rages de fumer. Avant qu'elles ne frappent, commencez une activité gênante pour fumer, comme laver la voiture ou tondre la pelouse. Votre habitude du tabac est profondément ancrée et automatique; c'est pourquoi vous devez devancer vos réflexes en prévoyant des activités de remplacement.

8e étape: Chronométrez chaque envie de fumer. Vérifiez votre montre lorsqu'une envie de fumer surgit. La plupart de ces

Médicaments pour aider à cesser de fumer

Les médicaments présentés ici peuvent réduire les effets secondaires difficiles du sevrage de nicotine et faciliter l'arrêt du tabagisme. Utilisez-les selon les directives de votre médecin, cessant graduellement de les prendre sur une période de quelques semaines ou quelques mois.

Timbres de nicotine. Disponible avec ou sans ordonnance, le timbre de nicotine est placé sur la peau où il libère graduellement de la nicotine dans l'organisme. Il aide à réduire les rages de nicotine lorsque vous réduisez votre usage du tabac ou lorsque vous cessez de fumer. Le timbre peut irriter la peau, mais on peut réduire cette irritation en ne l'appliquant pas toujours au même endroit et en utilisant une crème à base de cortisone vendue sans ordonnance.

Gomme de nicotine. Vous pouvez aussi acheter sans ordonnance une gomme de nicotine. Mordez un morceau de gomme à quelques reprises puis placez-le entre la joue et la gencive. Les muqueuses buccales absorbent alors la nicotine que la gomme libère. La gomme de nicotine peut réprimer votre envie de nicotine tout comme les timbres.

Nicotine en vaporisateur nasal. Elle peut vous aider à cesser de fumer de la même façon que les timbres et la gomme, sauf que vous devez vaporiser la nicotine dans le nez. Elle y est rapidement absorbée et passe dans votre sang par les muqueuses nasales, calmant plus rapidement votre manque de nicotine que les autres produits. Elle est surtout prévue pour les moments où vous avez besoin d'un «coup» rapide de nicotine. Ce produit n'est vendu que sur ordonnance médicale.

Inhalateur de nicotine. Cette médication relativement nouvelle n'est vendue que sur ordonnance médicale. L'appareil ressemble à une cigarette en plastique. Une des extrémités de l'inhalateur comporte un embout de plastique semblable à celui d'un cigare. Lorsque vous portez cet embout à la bouche et que vous inhalez, comme en prenant une bouffée de cigarette, l'inhalateur libère une vapeur de nicotine dans la bouche, réduisant votre envie de nicotine. Il aide également les fumeurs à qui manque le rituel de porter la main à la bouche.

Médication sans nicotine. Le bupropion (Wellburin, Zyban) est le premier médicament sans nicotine pour soulager les symptômes de sevrage qui a obtenu l'approbation du bureau des médicaments et drogues de différents gouvernements. On ne sait pas exactement comment le médicament agit, mais il stimule les produits chimiques impliqués dans l'accoutumance ou la dépendance à la nicotine. Le bupropion n'est disponible que sur ordonnance médicale.

envies sont de courte durée. Une fois que vous l'aurez réalisé, y résister sera plus facile. Dites-vous «Je peux tenir encore quelques minutes et après ce sera fini.»

Alcool et hypertension

Voici le meilleur conseil que l'on puisse donner concernant l'alcool: si vous buvez, faites-le avec modération.

Même chez les personnes souffrant d'hypertension, de petites quantités d'alcool ne semblent pas provoquer une élévation de la pression artérielle. Il semble même que boire modérément réduit le risque de crise cardiaque et augmente la production du «bon» cholestérol ou lipoprotéines de haute densité. Le bon cholestérol contribue à protéger les artères contre le rétrécissement ou le blocage par l'accumulation de plaque athéromateuse.

C'est l'abus d'alcool qui est un problème. Il peut augmenter votre pression artérielle et entraver l'effet de votre médication. L'abus d'alcool est responsable d'environ 8 pour cent de tous les cas d'hypertension.

Qu'est-ce que la modération

C'est probablement moins que vous ne le pensez.

Les boissons alcooliques contiennent différents pourcentages d'alcool éthylique – plus le pourcentage est élevé, plus la boisson est forte. Pour la plupart des hommes, boire avec modération veut dire pas plus de 30 ml (1 oz) d'alcool éthylique par jour. C'est l'équivalent de deux canettes de bière de 360 ml (12 oz), deux verres de 125 ml (5 oz) de vin, ou 30 ml (1 oz) de whisky pur.

Pour les femmes et les hommes à petite ossature et de petite taille, la modération signifie la moitié de cette quantité, soit pas plus de 15 ml (1/2 oz) d'alcool éthylique par jour. La quantité est moindre parce que les organismes des femmes et des hommes à petite ossature et de petite taille absorbent généralement davantage l'alcool éthylique.

Influence l'alcool sur la pression artérielle

On ne sait pas avec exactitude de quelle façon l'abus d'alcool élève la pression artérielle. Une théorie veut qu'il provoque une libération d'adrénaline, une hormone qui rétrécit les vaisseaux sanguins.

Trop réduire, trop vite = pression trop élevée

Si vous buvez trop d'alcool et que vous désirez réduire votre consommation, il est préférable de le faire graduellement sur une période d'une ou deux semaines.

Les gros buveurs qui arrêtent brusquement de consommer de l'alcool peuvent développer une hypertension grave qui dure plusieurs jours. Cela se produit parce qu'au moment où on élimine brusquement l'alcool du sang, le corps libère de grandes quantités d'adrénaline, ce qui provoque une montée soudaine de la pression artérielle.

Si vous faites de l'hypertension et si vous buvez en trop grande quantité, consultez votre médecin sur les moyens les plus sûrs et les plus efficaces de limiter ou d'éviter l'alcool.

Pourtant, il est évident que réduire la consommation d'alcool peut abaisser la pression artérielle. Les gros buveurs qui réduisent leur consommation à un niveau modéré peuvent faire diminuer leurs pression systolique d'environ 5 mm Hg et leur pression diastolique d'environ 3 mm Hg.

Combiner une diète nutritive à une réduction de la consommation d'alcool peut produire une baisse encore plus importante, soit une chute d'environ 10 mm Hg de la pression systolique et de 7 mm Hg de la pression diastolique. Ce résultat est peut-être dû au fait qu'en général, les gros consommateurs d'alcool n'absorbent pas une quantité adéquate d'éléments nutritifs contribuant à contrôler la pression artérielle, comme le potassium, le calcium et le magnésium.

Les gens sous médication qui limitent leur ingestion d'alcool ont aussi tendance à prendre leurs médicaments avec plus d'assiduité. Sous l'influence de l'alcool, ils peuvent oublier de prendre leurs pilules ou les prendre incorrectement.

L'alcool et les médicaments contre l'hypertension

Bien qu'il soit acceptable de boire de l'alcool avec modération, si vous prenez des médicaments vous devez porter une attention spéciale au quand et au comment de votre ingestion d'alcool, car elle peut réduire l'efficacité de certains médicaments pour l'hypertension et aggraver leurs effets secondaires.

Quand on mélange alcool et bêtabloquant, un médicament qui relâche les vaisseaux sanguins et ralentit le rythme cardiaque, on risque d'éprouver des étourdissements ou de s'évanouir, plus particulièrement si on a un peu trop chaud ou si on se lève brusquement. Les mêmes symptômes peuvent se présenter en associant alcool et inhibiteurs de l'ECA, un médicament qui dilate les vaisseaux sanguins, ou alcool et certains inhibiteurs calciques qui ralentissent le rythme cardiaque. Si vous ressentez des étourdissements ou êtes sur le point de vous évanouir, assoyez-vous jusqu'à ce que le malaise disparaisse. Boire de l'eau aidera aussi.

Avec un agent à action centrale agissant sur le système nerveux central, une dépression inhabituelle peut se produire après une consommation d'alcool, les deux étant des sédatifs.

Soyez à l'écoute de votre corps. Si vous ressentez des étourdissements ou êtes déprimé après un verre ou deux, discutez avec votre médecin de la quantité d'alcool que vous pouvez prendre sans danger, et à quel moment.

Caféine et hypertension

Présente dans le café, le thé, les boissons gazeuses et le chocolat, la caféine est un stimulant doux qui peut combattre la fatigue, augmenter la concentration et améliorer l'humeur d'une personne. Consommée en trop grande quantité, ce qui peut arriver facilement, la caféine provoque de la nervosité, cause un tremblement des mains et possiblement une élévation de la pression artérielle.

Influence de la caféine sur la pression artérielle

L'influence de la caféine sur la pression artérielle est le sujet d'un débat. Certaines études ont démontré que les gens qui consomment de la caféine régulièrement pendant la journée ont une pression artérielle moyenne plus élevée que s'ils n'en consommaient pas du tout. Cependant, la plupart des études ont conclu que les consommateurs réguliers de caféine développent une tolérance au stimulant et qu'après un certain temps, elle n'a aucun effet sur leur pression artérielle.

Il est cependant évident que chez les gens qui ne consomment pas régulièrement de caféine ou qui en consomment plus que d'habitude, la caféine peut causer une élévation brusque de la pression artérielle.

On ne sait pas avec certitude ce qui cause cette crête dans la pression artérielle. Certains chercheurs laissent entendre que la caféine rétrécit les vaisseaux sanguins en bloquant l'adénosine, une hormone naturelle qui contribue à les garder dilatés.

Calculer votre ingestion de caféine

Si vous faites de l'hypertension, limitez la caféine à environ 200 milligrammes par jour. Voici les sources connues de caféine et la quantité de caféine qu'elles contiennent:

Source	Caféine (en mg)
Café, 180 ml (6 oz Liquides ou 3/4 tasse)	
Percolateur, filtre	103
Instant ou soluble	57
Décaféiné, percolateur ou soluble	2
Expresso (simple)	
Ordinaire	100
Décaféiné	5
Thé, 180 ml (6 oz liquides ou 3/4 tasse)	
Noir, infusé 3 minutes	40
Instant ou soluble	30
Décaféiné	1
Boissons gazeuses, 360 ml (12 oz liquides ou 1-1/2 tasse)	
Base de cola, ordinaire ou diète	31-70
Sans cola	0-55
Chocolat	
Poudre de cacao, 15 ml (1 c. à table)	10
Chocolat pour la cuisson, 30 g (1 oz)	25
Lait au chocolat, 250 ml (8 oz liquides ou 1 tasse)	10
Tablette de chocolat au lait, 45 g (1-1/2 oz)	10

De Bowes and Church's Food Values of Portions Commonly Used (Valeurs nutritives et portions couramment utilisées de Bowes and Church). 17th ed. Lippincott-Raven Publishers, 1998. Avec permission.

À titre préventif, plusieurs médecins recommandent de limiter quotidiennement la caféine en ne prenant pas plus de deux tasses de café, trois ou quatre tasses de thé ou de deux à quatre canettes de boissons gazeuses avec caféine. Évitez également la caféine immédiatement avant des activités qui augmentent la pression artérielle, comme des exercices physiques ou un travail physique ardu.

Limiter la caféine est également bon pour la santé en général. Selon le degré de sensibilité à la caféine, deux tasses de café peuvent affecter votre:

Système nerveux. Trop de caféine peut rendre nerveux, anxieux ou irritable. Cela peut également empirer les crises de panique et causer de l'insomnie.

Système digestif. La caféine peut causer des brûlures d'estomac, de la constipation, de la diarrhée, un dérangement gastro-intestinal, ou irriter des ulcères d'estomac existants.

Vessie. La caféine peut causer une irritation de la vessie chez certaines personnes. C'est aussi un diurétique doux qui vous fait uriner davantage.

Réduire lentement

Si vous prévoyez diminuer votre ingestion de caféine, la meilleure façon de le faire consiste à échelonner la réduction de vos consommations sur plusieurs semaines. Cela évite les maux de tête et autres effets secondaires qui peuvent résulter d'une diminution brusque de votre ingestion normale de caféine.

Résumé

Concepts clés à retenir dans ce chapitre:

- Si une personne hypertendue fume, le risque de mourir de crise cardiaque ou d'insuffisance cardiaque est au moins trois fois plus élevé que si elle ne fume pas, et celui de mourir d'accident vasculaire cérébral au moins deux fois plus élevé.
- Les médicaments conçus pour amoindrir les effets du sevrage de nicotine peuvent aussi aider à cesser de fumer.
- Huit pour cent de tous les cas d'hypertension sont dus à l'abus d'alcool.
- Boire de l'alcool avec modération ne semble pas affecter la pression artérielle.
- L'alcool peut aggraver les effets secondaires de certains médicaments pour l'hypertension.
- Chez certaines personnes, la caféine peut entraîner une élévation de la pression artérielle dont l'apparition est brusque mais de courte durée.
- Si une personne fait de l'hypertension, elle devrait limiter son ingestion quotidienne de caféine à deux tasses de café, trois ou quatre tasses de thé ou deux à quatre canettes de boissons gazeuses avec caféine.

Chapitre 9

Gestion du stress

Selon la croyance populaire, si vous avez une vie stressante ou une personnalité de «type A», donc combatif, vif et impatient, vous êtes prédestiné à faire de l'hypertension. Mais ce n'est pas vrai. De nombreuses personnes de type A ont une pression artérielle normale, tout comme des gens décontractés font de l'hypertension.

Le stress peut temporairement provoquer une élévation de la pression artérielle. Lorsque quelqu'un est nerveux, a peur, ou doit respecter un horaire serré, la pression artérielle s'élève naturellement. La plupart du temps, quand il commence à se détendre, la pression artérielle s'abaisse.

Si cette personne est hypertendue, simplement réduire son niveau de stress pourrait ne pas abaisser la pression artérielle. Cependant, gérer le stress est important pour d'autres raisons. Un stress moins prononcé produit souvent les effets suivants:

Meilleur contrôle de la pression artérielle. Les élévations temporaires de pression artérielle causées par le stress peuvent en rendre le contrôle plus difficile. Avec moins de stress, les changements des habitudes de vie et les médicaments sont plus efficaces.

Attitude positive. Le stress peut freiner l'enthousiasme à contrôler la pression artérielle. Il est plus facile d'être physiquement actif, de manger sainement, de perdre du poids et de limiter la consommation d'alcool en menant une vie détendue et sereine.

Il y a plusieurs moyens de gérer le stress. Il est souhaitable d'en essayer quelques-uns pour découvrir lesquels conviennent le mieux à son mode de vie et à sa routine quotidienne.

Qu'est-ce que le stress?

Voyez le stress comme une épice. Trop peu donne un mets fade. Beaucoup trop rend malade. Utilisée correctement, en quantité appropriée, l'épice rehausse la saveur d'un plat. Le stress produit des effets semblables.

Le stress peut être négatif ou positif:

- Le stress négatif se manifeste quand on ressent une pression constante ou un manque de contrôle. On peut avoir de la difficulté à se concentrer. On peut aussi se sentir isolé. La famille, les finances, le travail et l'isolement sont des causes courantes de stress négatif.
- Le stress positif procure un sentiment d'excitation et de confiance en soi. On est sûr de soi face à une situation. Chez les athlètes, le stress positif contribue souvent à les rendre plus performants en compétition que pendant l'entraînement. D'autres exemples de stress positifs sont un nouvel emploi ou la naissance d'un enfant.

Le stress est aussi fortement relié à l'individu. Certaines personnes répondent très bien à des situations difficiles ou tendues. D'autres croulent sous la pression. De plus, ce qui est stressant pour un individu ne l'est pas pour un autre.

Réaction au stress

Face à un événement effroyable ou sous une pression normale continue, la riposte de l'organisme à toute situation stressante ressemble passablement à celle qu'il utilise lors d'une menace physique. Le corps se prépare à affronter le défi, «lutter», ou à rassembler ses forces pour contourner le problème et «fuir».

Cette réaction, «lutter» ou «fuir», provient de la libération de différentes d'hormones qui stimulent l'organisme à passer en vitesse supérieure. Parmi ces hormones, l'adrénaline et le cortisol accélèrent le rythme cardiaque et provoquent une élévation de la pression artérielle.

D'autres changements physiologiques se produisent aussi. Le cerveau et les muscles reçoivent le sang et les éléments nutritifs en abondance, et la peau en reçoit beaucoup moins. C'est pourquoi une personne pâlit dans les moments de peur ou de stress intense. Le corps sécrètent également la fibrine, une protéine coagulante. En cas de blessure, cette substance contribue alors à ralentir ou arrêter un saignement.

Le système nerveux passe aussi à l'action. Les pupilles se dilatent pour rendre la vue plus perçante. Les muscles faciaux se contractent pour donner un aspect plus intimidant au visage. La transpiration augmente pour rafraîchir le corps.

Le corps a de nombreux moyens de faire savoir qu'il subit trop de stress. Une personne peut éprouver du découragement, devenir irritable, cynique, émotive ou même solitaire. Toutes ces émotions affectent sa façon de penser, de ressentir et d'agir. Toutefois, il peut être facile de ne pas comprendre ces changements qui peuvent se manifester petit à petit, et sur une période assez longue.

Les symptômes physiques ne sont pas aussi faciles à ignorer. Une personne peut avoir des céphalées, des dérangements d'estomac, faire de l'insomnie, ressentir de la fatigue et tomber souvent malade. Elle peut reprendre des habitudes nerveuses comme se ronger les ongles ou fumer. Elle peut même se tourner vers l'alcool et les drogues.

Stress et pression artérielle

L'adrénaline et le cortisol, hormones libérées en périodes de stress, provoquent une élévation de la pression artérielle en rétrécissant les vaisseaux sanguins et en augmentant la fréquence cardiaque.

Cette élévation varie selon le niveau de stress et la réponse de l'organisme. Chez certaines personnes, le stress n'entraîne qu'une faible élévation de la pression artérielle. Chez d'autres, il peut provoquer des bonds exceptionnels.

Bien que les effets du stress soient habituellement temporaires, si les événements se répètent régulièrement, les élévations de pression artérielle qu'ils produisent peuvent, à long terme, causer des lésions aux artères, au cœur, au cerveau, aux poumons et aux yeux au même titre que l'hypertension persistante.

Stratégies pour atténuer le stress

C'est une chose de savoir que l'on vit quotidiennement sous un stress, mais atténuer ou combattre ce stress est une toute autre histoire. Voici des moyens que vous pouvez utiliser pour éviter, ou mieux vivre avec le stress.

Changements dans les habitudes de vie

Changer certaines choses dans une routine normale peut atténuer le stress. Voici des moyens pour y arriver:

Organisation. Gardez un horaire écrit de vos activités quotidiennes afin d'éviter les conflits ou les bousculades de dernière minute pour arriver à temps à un rendez-vous ou à une activité.

Horaire simplifié. Tentez d'adopter un rythme de vie plus lent. Cessez de penser «j'en suis capable» et apprenez à dire «non» à des responsabilités que vous n'avez pas le goût d'endosser. Demandez un coup de main aux autres.

Activité physique. En plus d'aider à contrôler votre pression sanguine, faire de l'exercice contribue à brûler l'énergie nerveuse produite par le stress. Faites de l'exercice pendant au moins 30 minutes, presque chaque jour de la semaine.

Le stress et votre état de santé

On pense que le stress joue un rôle dans plusieurs pathologies, tant connues que nouvelles.

Lorsque la fréquence cardiaque s'accélère, le risque d'angine, ou douleur à la poitrine, et d'arythmie, ou irrégularité du rythme cardiaque, est accru. Les élévations de la fréquence cardiaque et de la pression artérielle peuvent provoquer une crise cardiaque ou endommager le muscle cardiaque ou les artères coronariennes. Substance coagulante, la fibrine libérée en état de stress augmente également le risque de formation d'un caillot sanguin.

L'hormone cortisol libérée en état un stress peut amoindrir ou supprimer le système immunitaire, rendant un individu plus exposé aux maladies infectieuses. Des études suggèrent que les infections bactériennes, comme la tuberculose et les infections streptococciques, causées par les streptocoques, augmentent avec le stress. Il en est de même des infections virales des voies respiratoires supérieures, comme le rhume ou la grippe.

Le stress peut aussi causer des maux de têtes ou aggraver l'asthme et les problèmes intestinaux.

Diète saine. Une alimentation variée procure les éléments nutritifs susceptibles de protéger le système immunitaire et le bon fonctionnement des autres systèmes de l'organisme. Une alimentation saine met l'accent sur les grains entiers, les fruits, les légumes et les produits laitiers écrémés ou partiellement écrémés.

Sommeil réparateur. Reposée, une personne est plus apte à affronter les problèmes de la journée. Se coucher et se lever à la même heure chaque jour peut aider à mieux dormir. Un rituel en soirée, comme prendre un bain chaud, lire ou collationner, aide beaucoup de gens à se détendre.

Apparence soignée. Se faire coiffer, se faire manucurer et acheter un nouveau vêtement réconfortent. Mieux paraître améliore votre bien-être.

Pauses occasionnelles. Quittez la routine et les causes de stress. Prenez des vacances, même si ce n'est qu'un week-end, et planifiez-les pour oublier vos problèmes. Faites une sortie au cinéma ou au restaurant pour prendre un repas agréable. Sur semaine, de courtes pauses permettent de s'étirer, marcher, respirer à fond et se détendre.

Vie sociale agréable. Les amis et la famille fournissent non seulement une soupape pour évacuer les frustrations, ils peuvent aussi procurer des conseils permettant d'entrevoir des solutions. Cependant, évitez de parler avec les pessimistes qui ruminent sans cesse des sentiments négatifs.

Pensée positive. Utilisez l'autosuggestion pour atténuer les sentiments malsains ou négatifs. L'autosuggestion englobe tout ce que l'on peut se dire, tout ce qui vient à l'esprit. Par exemple, au lieu de dire «Je n'aurais pas dû commettre cette erreur», dites «J'essaierai d'être plus prudent la prochaine fois». Cette approche suscite des sentiments moins négatifs. Essayez aussi de mettre en pratique les vieux adages: «Voir le soleil sous la pluie» et «Ne rien monter en épingle».

Temps de réflexion. Prévoir du temps pour solutionner des problèmes peut empêcher qu'ils ne s'empilent. Chaque jour, réservez une demi-heure de votre temps pour régler les problèmes. Si un tracas surgit à un autre moment, prenez-en note et voyez-y plus tard.

Humour. Le rire nourrit l'intérieur de l'être. Il libère dans le cerveau des substances qui soulagent la douleur et augmentent le bien-être. Rire stimule aussi le cœur, les poumons et les muscles.

20 secondes de rires produisent un échange d'oxygène qui équivaut à peu près à 3 minutes d'aérobie. Trouvez un film qui vous fait rire aux éclats et des bandes dessinées produites par des caricaturistes ou des concepteurs que vous aimez.

Techniques de relaxation

On ne peut guère éviter tout le stress. Dans la vie, on doit affronter des événements imprévus, comme se retrouver dans un bouchon de circulation. Vous pouvez toutefois en amoindrir les coûts émotionnels et physiques.

Si vous êtes stressé, prenez quelques minutes pour détendre votre corps et libérer votre esprit. Les exercices suivants ont été conçus pour vous aider à y parvenir. Cependant, relaxer n'est pas un automatisme. Pour développer cette capacité, il faut pratiquer chaque jour une ou des techniques de relaxation.

Respiration profonde. Contrairement aux enfants, la plupart des adultes ont une respiration thoracique. À chaque inspiration, le poitrine se dilate et à chaque expiration, elle se contracte. Les enfants respirent généralement avec le diaphragme, le muscle qui sépare la poitrine de l'abdomen. Respirer profondément avec le diaphragme est reposant, et c'est une technique que les adultes peuvent réapprendre. Elle permet un plus grand échange du gaz carbonique et de l'oxygène, et donne plus d'énergie (voir «Respirer pour se détendre»).

Exercices de relâchement musculaire. Lorsque la tension s'élève, elle peut crisper les muscles, plus particulièrement ceux des épaules. Pour atténuer cette contraction, roulez les épaules en les soulevant vers les oreilles, puis relâchez les épaules.

Pour réduire la tension dans le cou, faites doucement pivoter la tête dans le sens des aiguilles d'une montre, et ensuite en sens contraire. Pour alléger la tension dans le dos et le torse, tentez de toucher le plafond et faites des inclinaisons sur les côtés. Pour la tension dans les pieds et les jambes, pliez les orteils et tracez en l'air des cercles avec le pied.

Des exercices d'étirement quotidiens contribuent également à réduire la tension musculaire.

Respirer pour se détendre

Voici un exercice de détente respiratoire.

1. Portez des vêtements confortables et amples au niveau de la taille. Étendez-vous sur un lit, une chaise inclinée ou un plancher matelassé, ou si vous le préférez, assoyez-vous sur une chaise.

2. En position couchée, écartez légèrement les pieds. Placez une main sur l'abdomen, au niveau du nombril, l'autre sur la poitrine. En position assise, placez les pieds à plat sur le sol, relâchez les épaules et placez les mains sur les genoux ou sur les côtés.

3. Inspirez par le nez si vous le pouvez parce que de cette façon, l'air est filtré et réchauffé. Expirez toujours par la bouche.

4. Concentrez-vous sur votre respiration pendant quelques minutes, et réalisez que votre main s'élève à chaque inspiration.

5. Expirez lentement tout l'air des poumons.

6. Inspirez en comptant mentalement 4 secondes. Pendant que vous inspirez, l'abdomen se soulève d'environ 2,5 cm (1 pouce). Vous devriez sentir ce mouvement avec la main. Ne bougez pas la poitrine et ne relevez pas les épaules.

7. Pendant que vous inspirez, imaginez l'air circulant dans toutes les parties de votre corps, vous fournissant de l'oxygène pour le nettoyer et lui redonner de l'énergie.

8. Faites une pause d'une seconde en retenant votre souffle. Ensuite, expirez lentement en comptant mentalement 4 secondes. Vous sentez votre abdomen s'abaisser lentement pendant que le diaphragme se détend. Imaginez la tension qui quitte votre corps.

9. Faites une légère pause et recommencez cet exercice pendant 1 ou 2 minutes, jusqu'à ce que vous vous sentiez mieux. Si vous éprouvez un léger étourdissement, raccourcissez le temps et la profondeur de votre respiration.

Imagerie mentale. Aussi connue sous le nom de visualisation, cette méthode de relaxation demande que vous soyez étendu dans le silence et que vous projetiez votre propre image dans un environnement agréable et paisible. Vous découvrez cet environnement avec tous vos sens, comme si vous y étiez. Imaginez les sons, les odeurs, la chaleur, les brises et les couleurs de cet endroit confortable. Les messages transmis à votre cerveau au cours de cet exercice aident votre corps à se détendre.

Méditation. Assis dans une position confortable, vous répétez un son ou un mot pendant 20 minutes, habituellement deux fois par jour. Votre objectif est de libérer votre esprit de toute pensée dérangeante et d'atteindre un état de repos.

Rétroaction biologique. Aussi appelée par son nom anglais, «biofeedback», cette technique vous aide à contrôler les fonctions corporelles généralement hors de votre contrôle, comme votre fréquence cardiaque, votre fréquence respiratoire, la température de votre peau et même votre pression artérielle.

La rétroaction biologique exige l'assistance d'un thérapeute diplômé et habituellement plusieurs séances d'entraînement. Des électrodes qui surveillent vos fonctions corporelles sont placées sur votre peau, et un appareil, généralement un signal ou une lumière clignotante, vous avertit lorsqu'une certaine fonction est hors de votre portée. En utilisant des exercices de relaxation ou d'autres stratégies, vous apprenez alors à changer la fonction corporelle jusqu'à ce qu'elle soit à votre portée.

Aide professionnelle

Il arrive parfois que les stress de la vie s'empilent et dépassent votre capacité d'y faire face. Lorsque cela se produit, obtenir de l'aide auprès d'un médecin, d'un centre local de services communautaires ou d'un conseiller spirituel doit être considéré. Plusieurs croient que rechercher une aide extérieure est un signe de faiblesse. Rien ne peut être plus loin de la vérité. Il faut une certaine force de caractère pour admettre que l'on a besoin d'aide.

Apprendre à contrôler le stress ne garantit pas une vie sereine, une bonne santé et une pression artérielle normale. Des problèmes imprévus peuvent se présenter. Cependant, posséder les outils pour gérer le stress peut aider à les surmonter plus facilement, et rendre le contrôle de la pression artérielle plus aisé.

Leçon de relaxation

Cette technique pour atténuer le stress exige de se couper du monde et de se concentrer spécifiquement sur la détente du corps.

1. Assoyez-vous ou allongez-vous dans une position confortable en fermant les yeux. Permettez aux mâchoires de retomber et aux paupières de s'alourdir sans faire l'effort de fermer les yeux.

2. Examinez mentalement votre corps. Commencez par les orteils et glissez lentement le long des jambes, des fesses, du torse, des bras, des mains, des doigts, du cou, de la tête et de la figure. En le faisant, contractez chaque paire de muscles et comptez jusqu'à 5 avant de les relâcher. À mesure que les muscles se détendent, imaginez la tension qui disparaît.

3. Durant cet exercice, des pensées vous viendront à l'esprit. Laissez-les aller et venir sans vous arrêter sur l'une d'elles.

4. Plusieurs personnes pensent que l'autosuggestion aide. Imaginez-vous détendu et calme, les mains lourdes et chaudes (ou fraîches si vous avez trop chaud), le cœur battant calmement et jouissant d'une paix parfaite.

5. Respirez lentement, régulièrement et profondément au cours de cet exercice.

6. Une fois bien détendu, imaginez que vous êtes dans votre lieu favori ou dans un site d'une grande beauté et d'une grande tranquillité.

7. Après 5 à 10 minutes, sortez graduellement de votre torpeur.

Résumé

Concepts clés à retenir dans ce chapitre:

* Le stress peut temporairement provoquer une élévation de la pression artérielle et aggraver une hypertension existante.
* Avec le temps, les effets physiques du stress sont nuisibles pour la santé.
* Bien qu'une réduction du stress puisse ne pas abaisser la pression artérielle, elle peut en faciliter le contrôle.
* Des changements du mode et des habitudes de vie, des techniques de relaxation et une aide professionnelle aident à mieux gérer ou à éviter le stress.

Chapitre 10

Médicaments et leur action

Le meilleur et le plus sûr moyen de contrôler la pression artérielle est de changer certaines habitudes de vie. Cependant, il arrive parfois que ces changements n'arrivent pas à abaisser suffisamment la pression artérielle. Pour la diminuer à un niveau souhaitable, l'aide de médicaments est parfois nécessaire, souvent lorsque l'hypertension est sévère et doit être réduite plus rapidement que peuvent le faire les changements des habitudes de vie, ou lorsqu'elle s'accompagne d'une autre condition médicale.

Les médicaments pour contrer l'hypertension, les antihypertenseurs, constituent l'un des plus glorieux fleurons de la médecine moderne. Ils sont passablement efficaces, et peu de gens éprouvent des effets secondaires. Ces médicaments peuvent contrôler l'hypertension tout en permettant de vivre normalement avec cette maladie. Ils réduisent également le risque de futurs problèmes de santé.

Il existe différents types de médicaments antihypertenseurs. Chacun abaisse la tension artérielle d'une façon différente. Si un médicament n'abaisse pas la pression artérielle à un niveau sécuritaire, un médecin peut prescrire un autre type de médicament ou en ajouter un à celui déjà prescrit. Une association de deux ou plusieurs médicaments à faible dose peut diminuer la pression artérielle aussi bien qu'un médicament seul. De plus, une association de médicaments produit souvent moins d'effets secondaires.

Ce qui compte, c'est que le patient collabore avec son médecin pour trouver un traitement qui lui convienne. Cette approche peut exiger de la patience. Trouver la bonne médication, ou la bonne association de médicaments, demande parfois du temps.

Types d'antihypertenseurs

Les principales catégories de médicaments pour contrôler l'hypertension comprennent les:
- diurétiques
- bêtabloquants
- inhibiteurs de l'ECA
- inhibiteurs des récepteurs de l'angiotensine II
- inhibiteurs calciques
- agents bloquants des récepteurs alpha
- agents à action centrale
- vasodilatateurs.

Diurétiques

Introduits pour la première fois dans les années 1950, les diurétiques comptent encore parmi les médicaments les plus utilisés
aujourd'hui pour abaisser la pression artérielle. Ils présentent deux
avantages majeurs. Ils ont prouvé leur efficacité avec le temps et
sont les antihypertenseurs les moins dispendieux.

Communément appelés pilules pour stimuler la diurèse
(sécrétion de l'urine), les diurétiques réduisent le volume de liquide
du corps. Ils forcent les reins à excréter plus de sodium par l'urine,
Le sodium entraîne avec lui une partie de l'eau contenue dans le
sang, réduisant ainsi la masse sanguine que le coeur doit faire
circuler dans les artères et la pression sur les parois artérielles.

Les diurétiques sont souvent le premier choix de médicament
pour l'hypertension de stade 1, car ils sont très efficaces chez les
personnes plus sensibles au sodium, comme les individus de race
noire et les aînés. De plus, ils sont communément utilisés en association avec d'autres médicaments.

Avec un diurétique, il est important de limiter l'ingestion de
sodium afin de permettre au médicament de travailler plus efficacement, avec moins d'effets secondaires.

Types de diurétiques

Il y a trois types de diurétiques. Chacun travaille en agissant sur
différentes parties des reins. Ce sont les diurétiques:

Thiazidiques. Les plus souvent utilisés, ces diurétiques comportent comme ingrédients actifs:
- bendrofluméthiazide (Naturetin)
- chlorothiazide (Diuril)
- chlorthalidone (Hygroton, Thalitone)
- hydrochlorothiazide (Esidrix, Hydrodiuril, Mocrizide, Oretic)
- indapamide (Lozol)
- méthyclothiazide (Aquatensen, Enduron)
- métolazone (Diulo, Mykrox, Zaroxolyn).

Salidiurétiques (appelés aussi diurétiques de l'anse). Ces diurétiques sont plus puissants que les thiazidiques, extrayant un plus fort pourcentage de sodium des reins à partir de l'anse de Henle. Le médecin peut prescrire un salidiurétique si les thiazidiques sont inefficaces ou si d'autres conditions, comme une insuffisance cardiaque ou rénale, incitent le corps à retenir les liquides.

Dans les salidiurétiques, on trouve comme ingrédients actifs:
- bumétanide (Bumex)
- acide éthacrynique (Edecrin)
- furosémide (Lasix)
- torsémide (Demadex).

Antikaliurétiques (appelés aussi diurétiques épargneurs de potassium). En plus du sodium dans le sang, les diurétiques extraient aussi le potassium. Les diurétiques antikaliurétiques aident le corps à conserver le potassium. Ces médicaments sont surtout utilisés en association avec les thiazidiques ou les salidiurétiques parce qu'ils ne sont pas aussi puissants que les deux autres. Dans les antikaliurétiques, se trouvent:
- amiloride, chlorhydrate d' (Midamor)
- spironolactone (Aldactone)
- triamtérène (Dyrenium).

Effets secondaires et précautions

Le principal effet secondaire associé aux diurétiques est une diurèse accrue. Les diurétiques thiazidiques et salidiurétiques peuvent aussi entraîner une perte de potassium. C'est pourquoi ces deux types de diurétiques sont souvent utilisés en association avec un diurétique antikaliurétique.

Chez les aînés, les diurétiques thiazidiques peuvent causer de la faiblesse ou des étourdissements en position debout. Ils peuvent aussi provoquer l'impuissance chez les hommes, bien que ce soit inhabituel. Cesser de prendre la médication fait habituellement disparaître ces problèmes. Cependant, il ne faut pas le faire sans avoir auparavant obtenu l'avis et les conseils d'un médecin.

De plus, de fortes doses de diurétiques thiazidiques peuvent provoquer une légère élévation des niveaux de sucre et de cholestérol total dans le sang. Les thiazidiques peuvent également faire augmenter le niveau d'acide urique dans les cellules. Dans de rares cas, ils peuvent mener au développement de la goutte, une maladie articulaire.

Les diurétiques salidiurétiques entraînent parfois une déshydratation. Les antikaliurétiques peuvent causer une trop forte augmentation du niveau de potassium. Avec une maladie rénale, un diurétique antikaliurétique n'est pas recommandé parce qu'il peut provoquer des irrégularités de la fréquence cardiaque et d'autres problèmes reliés à un excès de potassium.

Bêtabloquants

Comme les diurétiques, les bêtabloquants sont utilisés depuis de nombreuses années et constituent un médicament de premier choix pour abaisser la pression artérielle.

À l'origine, conçus pour traiter l'insuffisance coronarienne, ils ont été approuvés plus tard pour le traitement de l'hypertension, à la suite d'études ayant démontré une diminution de la pression artérielle chez les gens qui les prenaient. On les utilise aussi pour traiter le glaucome, les migraines et certains tremblements.

Les bêtabloquants abaissent la pression artérielle en inhibant les effets de la norépinéphrine, connue sous le nom de noradrénaline, une substance qui accélère les battements cardiaques et contracte les vaisseaux sanguins. Les bêtabloquants ralentissent aussi la libération de rénine par les reins. La rénine est impliquée dans la production d'angiotensine II, une autre substance qui contracte les vaisseaux sanguins et augmente ainsi la pression artérielle.

Les bêtabloquants réussissent à abaisser la pression artérielle chez presque 50 pour cent des gens à qui ils sont prescrits. Ils sont particulièrement utiles si l'hypertension s'accompagne de certaines autres conditions cardiovasculaires, comme l'angine (douleur à la poitrine), l'arythmie (rythme cardiaque irrégulier) ou une crise cardiaque antérieure. Ils contribuent à contrôler ces conditions et à réduire le risque d'une nouvelle crise cardiaque.

Types de bêtabloquants

Si une personne présente des problèmes du foie ou des reins, le choix d'un bêtabloquant est parfois plus limité. Certains bêtabloquants sont assimilés ou métabolisés dans le foie, d'autres dans les reins et certains dans ces deux organes. Si les reins ne fonctionnent pas adéquatement par exemple, un médicament métabolisé dans les reins ne sera pas indiqué.

Les bêtabloquants se divisent aussi selon l'organe qu'ils affectent: les bêtabloquants cardio-sélectifs affectent principalement le cœur, et les non sélectifs touchent également le cœur et les vaisseaux sanguins. Les bêtabloquants cardio-sélectifs produisent moins d'effets secondaires, et ne sont généralement recommandés qu'avec grandes précautions si le muscle cardiaque est affaibli par une insuffisance cardiaque.

Dans les bêtabloquants, les ingrédients actifs sont:
- acébutolol, chlorhydrate d' (Sectral)
- aténolol (Tenormin)
- bétaxolol (Kerlone)
- bisoprolol, fumarate de (Zebeta)
- cartéolol, chlorhydrate de (Cartrol)
- carvédilol (Coreg)*
- labétalol, chlorhydrate de (Normodyne, Trandate)*
- métoprolol, succinate de (Toprol XL)
- métoprolol, tartrate de (Lopresor)
- nadolol (Corgard)
- penbutolol, sulfate de (Levatol)
- pindolol (Visken)
- propranolol, chlorhydrate de (Inderal, Inderal LA)
- timolol, maléate de (Brocadren).

* Association d'un bêtabloquant et d'un agent bloquant des récepteurs alpha.

Effets secondaires et précautions

Les bêtabloquants produisent plus d'effets secondaires que d'autres antihypertenseurs. Cependant, plusieurs personnes n'en sont que peu ou pas incommodées.

Deux des effets secondaires les plus notables sont la fatigue et une capacité physique réduite empêchant les activités astreignantes. D'autres effets secondaires peuvent inclure: mains froides, sommeil perturbé, impuissance, perte de désir sexuel, légère augmentation du niveau de triglycérides dans le sang et légère diminution du niveau des lipoprotéines de haute densité ou bon cholestérol dans le sang.

Les bêtabloquants ne constituent pas le meilleur choix pour une personne jeune et active ou athlétique, parce qu'ils peuvent limiter son endurance physique. Ces médicaments ne sont pas non plus recommandés si une personne souffre d'asthme ou d'un trouble de conduction auriculo-ventriculaire.

Inhibiteurs de l'ECA (enzyme de conversion de l'angiotensine)

Les médecins choisissent fréquemment les inhibiteurs de l'ECA pour traiter l'hypertension. Ils n'ont pas la feuille de route des diurétiques et des bêtabloquants, mais ont été jugés efficaces jusqu'à maintenant, et produisent peu d'effets secondaires. Pour la population noire, les inhibiteurs de l'ECA sont les plus efficaces, en association avec un diurétique.

Ces médicaments agissent pour empêcher la production d'une substance appelée angiotensine II. L'angiotensine I ne présente aucun danger, mais transformée en angiotensine II, elle devient un vasoconstricteur puissant, ce qui provoque une élévation de la pression artérielle. Limiter la production d'angiotensine permet aussi à une autre substance de demeurer dans les vaisseaux sanguins, la bradykinine dont le rôle est de garder les vaisseaux dilatés.

Dans les inhibiteurs de l'ECA, se trouvent:
- bénazépril (Lotensin)
- captopril (Capoten)
- énalapril, maléate d' (Vasotec)
- fosinopril sodique (Monopril)
- lisinopril (Prinivil, Zestril)

- moexipril (Univasc)
- quinapril, chlorhydrate de (Accupril)
- ramipril (Altace)
- trandolapril (Mavik).

Effets secondaires et précautions

Les inhibiteurs de l'ECA produisent habituellement peu d'effets secondaires. Cependant, environ 20 pour cent des gens qui en prennent développent une toux sèche. C'est un effet qui touche plus souvent les femmes que les hommes. Cette toux persistante ennuie suffisamment certaines personnes pour justifier un changement de médicament.

Les autres effets secondaires peuvent inclure: éruption, altération du sens du goût et diminution de l'appétit. Un inhibiteur de l'ECA n'est pas recommandé à une personne atteinte d'une maladie rénale sévère, parce qu'il peut contribuer à son évolution vers une insuffisance rénale. Il n'est également pas recommandé aux femmes enceintes ou à celles qui projettent de le devenir. Il peut provoquer de graves malformations congénitales chez le fœtus.

Inhibiteurs des récepteurs de l'angiotensine II

Ils comptent parmi les plus récents médicaments approuvés pour le traitement de l'hypertension. Comme leur nom le suggère, les inhibiteurs des récepteurs de l'angiotensine II bloquent *l'action* de l'angiotensine II, contrairement aux inhibiteurs de l'ECA qui empêchent la *formation* de l'angiotensine II. Les inhibiteurs des récepteurs de l'angiotensine II diffèrent également parce qu'ils n'augmentent pas la bradykinine.

Ces nouveaux médicaments sont quasiment aussi puissants que les inhibiteurs de l'ECA. Ils offrent également un autre avantage: ils ne provoquent pas de toux sèche.

Seuls quelques inhibiteurs des récepteurs de l'angiotensine II sont actuellement disponibles. On s'attend à ce que d'autres marques soient approuvées sous peu. Parmi les médicaments actuellement sur le marché, se trouvent:

- irbesartan (Avapro)
- losartan potassique (Cozaar)
- valsartan (Diovan).

Effets secondaire et précautions

Les effets secondaires sont inhabituels, mais ces médicaments peuvent causer étourdissements, congestion nasale, douleurs au dos et aux jambes, diarrhée, indigestion et insomnie chez certaines personnes.

Tout comme les inhibiteurs de l'ECA, un inhibiteur des récepteurs de l'angiotensine II n'est pas recommandé aux personnes souffrant d'une maladie rénale sévère, aux femmes enceintes ou à celles qui projettent de le devenir.

Inhibiteurs calciques

Ces médicaments sont efficaces et généralement bien tolérés. Ils ne constituent cependant pas un premier choix de traitement parce que certains pourraient possiblement augmenter le risque de problèmes graves de santé.

Les inhibiteurs calciques agissent sur les cellules musculaires entourant les artères. Dans leurs membranes, ces cellules musculaires contiennent de minuscules conduits appelés canaux calciques. Lorsque le calcium y pénètre, les cellules musculaires se contractent et rétrécissent les artères. Les inhibiteurs calciques remplissent ces canaux, comme le bouchon du renvoi d'un évier, et empêchent le calcium de pénétrer les cellules musculaires. Cependant, les médicaments n'influencent aucunement le calcium utilisé dans la structure osseuse.

Certains inhibiteurs calciques offrent un avantage supplémentaire. Ils ralentissent la fréquence cardiaque et permettent donc une réduction supplémentaire potentielle de la pression artérielle.

Types d'inhibiteurs calciques

Il existe deux types d'inhibiteurs calciques dont la durée d'action varie:

Action rapide. Ces médicaments abaissent la pression artérielle rapidement, souvent en moins de 30 minutes, mais leur effet ne dure que quelques heures.

Les inhibiteurs calciques à action rapide ne sont pas recommandés pour le traitement de l'hypertension parce qu'ils faut les prendre trois ou quatre fois par jour. Ils ne permettent donc pas un bon contrôle de la pression artérielle. Certaines études les ont aussi relié à un risque accru de crise cardiaque, d'arrêt cardiaque subit et de cancer.

Action prolongée. Ces médicaments sont absorbés graduellement par l'organisme. Bien qu'ils mettent plus de temps à abaisser la pression artérielle, ils la contrôlent plus longtemps.

De vastes essais aléatoires sont actuellement en cours pour déterminer le degré de sécurité et d'efficacité des inhibiteurs calciques à action prolongée. Les résultats, qui ne seront disponibles que dans plusieurs années, détermineront si ces médicaments présentent le même risque accru des problèmes de santé reliés aux inhibiteurs calciques à action rapide. Les résultats préliminaires semblent indiquer que tel n'est pas le cas.

Parmi les inhibiteurs à action prolongée, se trouvent:
- amlodipine, bésylate d' (Norvasc)
- diltiazem, chlorhydrate de (Cardizem CD, Cardizem SR, Dilacor XR, Tiazac)*
- félodipine (Plendil)
- isradipine (DynaCirc, Dynacirc CR)
- nicardipine, chlorhydrate de (Cardene SR)
- nifédipine (Adalat CC, Procardia XL)
- vérapamil, chlorhydrate de (Calan SR, Covera HS, Isoptin SR, Verelan)*

*Ces médicaments ralentissent aussi la fréquence cardiaque.

Effets secondaires et précautions

Les effets secondaires possibles incluent: constipation, maux de tête, battements cardiaques rapides, éruption, œdème aux pieds et aux chevilles et enflure des gencives.

Félodipine, nifédipine et vérapamil ne devraient pas être pris avec du jus de pamplemousse. On ne devrait pas en boire dans les 2 heures précédant la prise de ces médicaments, ni au cours des 2 heures qui la suivent. Une substance dans le jus de pamplemousse semble réduire la capacité du foie à éliminer les inhibiteurs calciques de l'organisme, permettant aux médicaments de s'accumuler et de devenir toxiques.

Agents bloquants des récepteurs alpha

Les agents bloquants des récepteurs alpha abaissent la pression artérielle en empêchant le système nerveux de stimuler les muscles des parois des artérioles, les plus petites artères. Il en résulte que les muscles se contractent moins. Les agents bloquants des récepteurs alpha amenuisent aussi les effets de la noradrénaline et de l'adrénaline, des hormones qui rétrécissent les vaisseaux sanguins.

Ces médicaments offrent un autre bienfait, ils abaissent modestement les niveaux de cholestérol total et de triglycérides dans le sang. Si une personne présente un risque de crise cardiaque tant à cause de l'hypertension que d'un taux de cholestérol élevé, les agents bloquants des récepteurs alpha offrent un double avantage. Chez les hommes plus âgés souffrant d'un problème de prostate, les agents bloquants des récepteurs alpha améliorent le débit urinaire, réduisant les mictions durant la nuit. Les agents bloquants des récepteurs alpha constituent aussi un bon choix pour les gens jeunes ou physiquement actifs qui n'apprécient pas les effets secondaires des bêtabloquants.

Les agents bloquants des récepteurs alpha sont disponibles tant en formule à action rapide qu'en formule à action prolongée. Parmi eux, on trouve:

- doxazosine, mésylate de (Cardura), un médicament à action prolongée
- prazosine, chlorhydrate de (Minipress), un médicament à action rapide
- térazosine, chlorhydrate de (Hytrin), un médicament à action prolongée.

Effets secondaires et précautions

Ces médicaments sont généralement bien tolérés. Cependant, chez une personne plus âgée qui les prend pour la première fois, ils peuvent causer des étourdissements ou même des évanouissements en position debout. C'est dû au fait que les agents bloquants des récepteurs alpha ralentissent le temps de réaction du corps au changement normal de la pression artérielle lorsque l'on passe de la position assise ou couchée à la position debout.

Pour atténuer ce problème, le médecin peut initialement prescrire le médicament à faible dose, le soir avant d'aller au lit. Lorsqu'une certaine tolérance au médicament est acquise, il peut graduellement en augmenter la dose. Il est préférable de prendre un agent bloquant des récepteurs alpha au coucher, à moins que le médecin ne le prescrive autrement.

D'autres effets secondaires possibles incluent: céphalées, battements cardiaques frénétiques, nausées et faiblesse. Avec le temps, les médicaments peuvent également perdre de leur efficacité. Toutefois, l'addition d'un diurétique peut prévenir cette situation.

Agents à action centrale

Contrairement aux autres antihypertenseurs qui affectent les vaisseaux sanguins, les agents à action centrale agissent sur le cerveau. Ils l'empêchent d'avertir le système nerveux qu'il doit accélérer la fréquence cardiaque et contracter les vaisseaux sanguins.

Aussi appelés inhibiteurs des récepteurs adrénergiques, ces médicaments ne sont plus utilisés aussi souvent qu'ils l'ont été parce leurs effets secondaires sont parfois importants, mais ils sont encore prescrits dans certaines circonstances. Le médecin peut recommander un inhibiteur des récepteurs adrénergiques si une personne est sujette aux crises de panique, présente des incidents de faible niveau de sucre dans le sang ou traverse une période de sevrage d'alcool ou de drogue. Ils peuvent atténuer les symptômes reliés à ces conditions.

Un agent à action centrale, le clonidine, est disponible sous forme de timbre. Il est utile si une personne a de la difficulté à prendre un médicament oral. Un autre, le méthyldopa, est souvent recommandé pour la femme enceinte hypertendue qui ne peut prendre d'autres antihypertenseurs à cause des risques pour elle-même et le bébé.

Parmi les agents à action centrale, on trouve:
- clonidine, chlorhydrate de (Catapres)
- guanabenz, acétate de (Wytensin
- guanadrel, sulfate de (Hylorel)
- guanethidine, monosulfate de (Ismelin)
- guanfacine, chlorhydrate de (Tenex)
- méthyldopa, chlorhydrate de (Aldomet)
- réserpine (Serpasil).

Effets secondaires et précautions
Ces médicaments peuvent produire une extrême fatigue, de la somnolence ou une sédation. Ils peuvent aussi causer impuissance,

sécheresse de la bouche, maux de tête, prise de poids, jugement altéré et problèmes psychologiques, dépression incluse.

Cesser l'utilisation d'un agent à action centrale peut élever très rapidement la pression artérielle à un niveau redoutable. Si les effets secondaires d'un tel médicament sont incommodants, le médecin peut planifier une diminution progressive, puis l'arrêt.

Vasodilatateurs

Ces médicaments puissants sont surtout utilisés pour traiter les cas difficiles d'hypertension répondant mal aux autres médications. Ils ont un effet de relaxation directe des cellules musculaires lisses des vaisseaux sanguins, empêchant leur contraction.

Parmi les vasodilatateurs, on trouve:
• hydralazine, chlorhydrate d' (Apresoline)
• minoxidil (Loniten).

Effets secondaires et précautions

Les effets secondaires des vasodilatateurs comprennent une fréquence cardiaque rapide et une rétention d'eau, ni l'un ni l'autre n'étant désirables dans un cas d'hypertension. C'est pourquoi les médecins prescrivent habituellement un vasodilatateur associé à un bêtabloquant et à un diurétique, ce qui peut réduire ces symptômes.

Les autres effets secondaires peuvent inclure: problèmes gastro-intestinaux, étourdissements, maux de tête, congestion nasale, croissance excessive des poils sur tout le corps et enflure des gencives. L'hydralazine prise en forte dose peut augmenter le risque de lupus, une maladie du tissu conjonctif.

Médication d'urgence

Lorsque la pression artérielle atteint un niveau dangereusement élevé, il est parfois nécessaire de l'abaisser rapidement pour éviter de graves dommages aux organes et même la mort, par exemple en cas de crise cardiaque, d'insuffisance cardiaque, d'accident vasculaire cérébral, de cécité subite ou de rupture de la paroi aortique.

Dans les situations d'urgence résultant de l'hypertension, les médecins injectent des antihypertenseurs intraveineux afin de réduire la pression artérielle de 25 pour cent en dedans d'une période de quelques minutes à 2 heures. Abaisser la pression artérielle trop rapidement peut entraîner d'autres conditions graves et même fatales. C'est pourquoi une fois la pression artérielle abaissée de 25 pour cent, on vise alors à la réduire autour de 160/100 mm Hg en 6 heures.

Les médicaments injectables utilisées dans les situations d'urgence causées par l'hypertension comprennent les:

- vasodilatateurs, comme le chlorhydrate de nicardipine, la nitroglycérine et le nitroprussiate de sodium
- agents bloquants des récepteurs alpha et bêtabloquants, comme le chlorhydrate d'esmolol, le chlorhydrate de labétalol et le mésylate de phentolamine.

Associations médicamenteuses

Environ 50 pour cent des gens souffrant d'hypertension de stade 1 ou 2 contrôlent leur pression artérielle avec un seul médicament. Si une médication n'est pas efficace, le médecin peut en augmenter la dose, si les effets secondaires ne sont pas trop importants. Il peut aussi essayer un autre médicament ou en ajouter un à celui déjà prescrit.

L'association médicamenteuse est bénéfique et assez courante. En associant deux ou plusieurs médicaments, les médecins augmentent de 50 à 80 pour cent le nombre des patients réagissant bien aux antihypertenseurs. Les thérapies associées offrent l'avantage de réduire généralement la dose de chacun des médicaments. Il en résulte une réduction du risque d'effets secondaires.

Dans une association médicamenteuse, le médecin recherche des produits qui interagissent pour augmenter l'efficacité ou réduire les effets secondaires des uns et des autres. Par exemple, un diurétique peut augmenter l'efficacité des bêtabloquants, des inhibiteurs de l'ECA et des inhibiteurs des récepteurs de l'angiotensine II (voir «Travail d'associés» sur la page suivante).

Médication appropriée à chaque individu

L'objectif visé consiste à trouver un médicament ou une association médicamenteuse qui abaisse la pression artérielle à un niveau normal, sans effets secondaires indésirables. La plupart des hypertendus sous médication trouvent éventuellement un régime médicamenteux leur permettant d'être bien et totalement actifs, ne leur causant que peu ou pas d'effets secondaires.

Travail d'associés

Il est possible que dans certains pays deux médicaments soient réunis et offerts dans un même comprimé ou gélule. Des exemples d'antihypertenseurs réunis en un seul sont:

Association d'un diurétique et d'un agent bêtabloquant:
- bendroflumethiazide et nadolol (Corzide)
- chlorthalidone et aténolol (Tenoretic)
- hydrochlorothiazide et fumarate de bisoprolol (Ziac)
- hydrochlorothiazide et chlorhydrate de propranolol (Inderide LA)
- hydrochlorothiazide et tartrate de métoprolol (Lopresor HCT).

Association d'un diurétique et d'un inhibiteur de l'ECA:
- hydrochlorothiazide et bénazépril (Lotensin HCT)
- hydrochlorothiazide et captopril (Capozide)
- hydrochlorothiazide et maleate d'énalapril (Vaseretic)
- hydrochlorothiazide et lisinopril (Prinzide, Zestoretic).

Association d'un diurétique et d'un inhibiteur des récepteurs de l'angiotensine II:
- hydrochlorothiazide et losartan potassique (Hyzaar)
- hydrochlorothiazide et valsartan (Diovan HCT).

Association de deux diurétiques:
- chlorhydrate d'amiloride et hydrochlorothiazide (Moduretic)
- spironolactone et hydrochlorothiazide (Aldactazide)
- triamtérène et hydrochlorothiazide (Dyazide, Maxzide).

Association d'un inhibiteur calcique et d'un inhibiteur de l'ECA:
- bésylate d'amlodipine et bénazépril (Lotrel)
- chlorhydrate de diltiazem et maléate d'énalapril (Teczem)
- chlorhydrate de vérapamil et trandolapril (Tarka)
- félodipine et maléate d'énalapril (Lexxel).

En plus de l'efficacité des médicaments, le médecin considère d'autres facteurs pour déterminer la médication la plus appropriée:

Tolérance au médicament. Si prendre un médicament produit des effets secondaires difficilement supportables, comme de l'impuissance, des maux de tête ou de la fatigue, ce n'est pas un médicament convenable pour un individu.

En fait, les effets secondaires de la médication semblent parfois plus difficiles à supporter que l'hypertension elle-même, laquelle ne produit aucun symptôme. Il ne faut cependant pas cesser de prendre une médication de son propre chef sans en parler à son médecin.

Observance de la prescription médicale. Lorsqu'un médicament est compliqué à prendre, surtout si une personne a un calendrier chargé, il est possible de l'oublier. Parce qu'il est primordial de respecter une ordonnance en prenant un médicament adéquatement, la médication prescrite doit convenir au mode de vie d'une personne.

Regard vers l'avenir

Malgré la grande variété d'antihypertenseurs utilisés actuellement, les chercheurs et les compagnies pharmaceutiques continuent leurs recherches afin de trouver de nouveaux médicaments plus efficaces et avec moins d'effets secondaires.

Recherche pharmaceutique

Certains médicaments sont actuellement à l'étude:

Inhibiteurs métalloprotéasiques à double action. Ils bloquent une substance qui contracte les artères et stimulent la libération d'une autre qui les dilate. Les chercheurs croient que ces médicaments pourraient être encore plus efficaces que les inhibiteurs de l'ECA, réduisant la pression artérielle jusqu'à 80 pour cent chez les personnes hypertendues.

Inhibiteurs des récepteurs de l'endothéline. Ces médicaments empêchent un puissant vasoconstricteur, ET-1, de pénétrer dans les muscles des parois des vaisseaux sanguins.

Inhibiteurs de la clairance des peptides natriurétiques. Ils contribuent à assurer que certains composés antihypertenseurs demeurent dans l'organisme.

Pour plus de renseignements sur les médicaments, visitez la page d'accueil de Mayo Clinic Health Oasis sur Internet.

Des médicaments pour l'hypertension sont constamment développés et mis en marché. Pour de l'information sur les nouveaux médicaments et pour en savoir plus sur ceux qui existent déjà, visitez notre page d'accueil: *www.mayohealth.org.*

Inhibiteurs de la rénine. Ces médicaments bloquent le développement d'une enzyme, la rénine, nécessaire à la production de l'angiotensine II, laquelle est un puissant vaso-constricteur.

Inhibiteurs de la vasopressine. Ce type de médicament prévient le rétrécissement des vaisseaux sanguins relié à la rétention de sodium. S'ils sont approuvés, ces médicaments pourrait être spécialement utiles pour les personnes sensibles au sodium.

Recherche génétique

Chez 95 pour cent des gens hypertendus, la cause spécifique de la maladie est inconnue. Une partie de la recherche sur l'hypertension touche l'identification de gènes qui pourraient provoquer cette maladie.

Les recherches initiales indiquent que l'hypertension est complexe et ne suit pas les règles classiques de l'hérédité. Plutôt que d'émaner d'un seul gène défectueux, il semble que ce soit un désordre à multiples facettes impliquant l'interaction de plusieurs gènes. De plus, des facteurs environnementaux, y compris le poids, la consommation de sodium et l'activité physique, semblent également ment jouer un rôle dans l'interaction des gènes.

Cependant, si la recherche génétique est fructueuse, ses résultats pourraient un jour donner de nouveaux médicaments qui préviendront l'hypertension en contrôlant des gènes précis.

Résumé

Concepts clés à retenir dans ce chapitre:

- Une médication peut être nécessaire si l'hypertension est sévère, si elle est accompagnée d'une autre condition médicale et si les changements des habitudes de vie n'arrivent pas à abaisser suffisamment la pression artérielle.

- 50 pour cent des gens hypertendus sous médication contrôlent leur hypertension avec un seul médicament. Les autres ont besoin d'une association de deux ou trois médicaments.

- Compte tenu des résultats obtenus dans le passé, un diurétique ou un bêtabloquant est souvent prescrit dans les cas d'hypertension sans complication.

- La plupart des gens qui prennent des antihypertenseurs éprouvent très peu d'effets secondaires.

- Trouver le bon médicament ou la bonne association médicamenteuse pour l'hypertension exige du temps et de la patience.

Chapitre 11

Particularités

On développe le plus souvent une hypertension artérielle entre l'âge de 30 et 60 ans, mais cette maladie ne connaît pas de frontières. Elle peut affecter n'importe qui, à n'importe quel moment. La pression artérielle est aussi influencée par le sexe, la race ou une autre condition médicale. Quand vient le temps de déterminer le meilleur moyen pour la traiter ou la contrer, il faut tenir compte de tous ces facteurs.

Ce chapitre traite des facteurs uniques aux femmes, de l'hypertension au sein de groupes ou de populations spécifiques, du traitement de l'hypertension difficile à contrôler et des crises hypertensives.

Questions touchant les femmes

Jusqu'à tout récemment, les études sur le développement et le traitement de l'hypertension ont principalement impliqué les hommes. Néanmoins, environ 60 pour cent de toutes les personnes hypertendues sont des femmes.

Comme il apparaît que les femmes répondent différemment à la médication, que les causes de la maladie sont différentes chez elles et qu'elles en souffrent à des moments différents de leur vie, de nombreuses études se penchent aujourd'hui spécifiquement sur les questions qui les touchent.

Contraceptifs oraux

Les contraceptifs oraux, la «pilule», sont couramment utilisés pour contrôler les naissances. Ils contiennent de petites quantités d'hormones pour prévenir la grossesse, soit l'œstrogène et la progestérone.

Lorsqu'ils ont été mis sur le marché il y a quelques décades, les contraceptifs oraux contenaient des doses trop fortes d'œstrogène et de progestérone. À cette époque, environ 5 pour cent de toutes les femmes qui prenaient un contraceptif oral développaient de l'hypertension. Aujourd'hui, les contraceptifs oraux contiennent 80 pour cent moins d'hormones qu'au moment de leur lancement, et l'hypertension due aux contraceptifs oraux est rare. Ces médicaments peuvent provoquer une légère élévation la pression systolique, mais cette hausse est habituellement si faible qu'elle n'est pas à craindre.

Chez le petit nombre de femmes dont la pression artérielle s'élève significativement lors de l'utilisation d'un contraceptif oral, le médecin peut l'interdire. En quelques mois, la pression artérielle redevient alors normale. Si une autre méthode contraceptive est impossible et si une femme désire toujours prendre la pilule, elle doit envisager des changements dans ses habitudes de vie, et possiblement une médication, pour abaisser la pression artérielle.

Grossesse

Il est possible pour une femme hypertendue de vivre normalement une grossesse et un accouchement. Cependant, avec l'hypertension, le risque de complications susceptibles d'affecter la mère et le fœtus est plus grand.

Le médecin voudra surveiller de près la grossesse et la pression artérielle, plus spécialement au cours des 3 derniers mois, les complications surgissant le plus souvent au cours du troisième trimestre.

Non courantes mais possibles, les complications pour la mère sont: œdème, insuffisance cardiaque, épilepsie, insuffisance rénale ou hépatique, altération de la vision et saignements. Les complications possibles pour le fœtus comportent un développement insuffisant, un risque accru de décollement placentaire (décollement du placenta de la paroi utérine) et un risque accru d'oxygénation déficiente durant le travail.

Il faut parler avec son médecin des risques possibles pour la santé avant de devenir enceinte. Un changement de médicament est peut-être nécessaire, car certains antihypertenseurs ne devraient pas être pris au cours des 3 premiers mois d'une grossesse. Une femme hypertendue doit informer son médecin dès qu'elle devient enceinte.

Si un autre médecin fait le suivi durant la grossesse, assurez-vous de lui mentionner votre hypertension lors de la première visite. Parce que la pression artérielle diminue normalement au début et au milieu de la grossesse, un médecin connaissant peu les antécédents médicaux de sa patiente pourrait ne pas réaliser qu'elle est hypertendue.

Dans le cas d'hypertension de stade 2 ou 3, le médecin continuera probablement la médication pendant la grossesse. Les bienfaits d'une pression artérielle contrôlée par une médication sont plus grands que le risque d'effets secondaires pour le fœtus.

Pour une hypertension de stade 1, il faut discuter avec le médecin des bienfaits et des inconvénients de la médication. Dans le cas d'hypertension plus légère, il n'est pas sûr que les bienfaits de la médication l'emportent sur les risques possibles pour le fœtus.

On utilise parfois le méthyldopa, un agent à action centrale, pour les femmes ayant besoin d'une médication pendant la grossesse. Des bêtabloquants peuvent être prescrits dans certains cas. Les inhibiteurs de l'ECA et les inhibiteurs des récepteurs de l'angiotensine II sont déconseillés pendant la grossesse parce qu'ils peuvent potentiellement ralentir la croissance du fœtus, lui causer des malformations congénitales et possiblement lui être fatals.

Hypertension provoquée par la grossesse

Quelques femmes, un faible pourcentage cependant, développent l'hypertension durant la grossesse. Cette condition est appelée hypertension gestationnelle, gravidique ou de grossesse. Elle apparaît le plus souvent aux derniers stades de la grossesse et plus souvent qu'autrement, l'élévation de la pression artérielle est légère. Après la grossesse, la pression artérielle redevient normale.

Si une femme développe une hypertension gestationnelle, et plus spécialement une hypertension de stade 1, la médication n'est habituellement pas nécessaire. Il est possible que l'on doive limiter le sodium et suivre une diète favorisant les grains entiers, les fruits, les légumes et les produits laitiers faibles en gras, des aliments qui aident à contrôler la pression artérielle.

Cependant, si la pression artérielle s'élève de façon significative, mettant en péril la santé de la mère et du bébé, une médication est recommandée.

Dans la plupart des cas, l'hypertension gestationnelle est un symptôme suggérant deux possibilités: avertissement précoce d'hypertension possible plus tard, ou prééclampsie.

Prééclampsie

La prééclampsie survient chez environ 25 pour cent des femmes souffrant d'hypertension gestationnelle, typiquement après la 20e semaine de grossesse. Elle se caractérise par une pression artérielle élevée, un œdème des mains et du visage et une forte quantité de protéines dans l'urine. Non traitée, elle peut entraîner des complications sérieuses, même mortelles.

À une époque, la prééclampsie était appelée toxémie car on croyait qu'elle était causée par une toxine dans le sang. Les médecins savent aujourd'hui qu'aucune toxine n'en est responsable. Cependant, la cause exacte reste inconnue. Toutefois, certains facteurs peuvent augmenter le risque de prééclampsie. Ce sont, entre autres:
- une première grossesse
- des antécédents familiaux de prééclampsie
- une grossesse gémellaire
- un diabète
- des problèmes rénaux antérieurs à la grossesse
- une grossesse au début de l'adolescence ou après 40 ans.

Il est important de vérifier la pression artérielle à chaque visite chez le médecin parce que souvent, les femmes qui développent une prééclampsie n'éprouvent aucun symptôme avant-coureur et qu'au moment où elle est décelée, la prééclampsie est avancée. En plus d'avoir les mains et le visage enflés et de présenter une augmentation des protéines dans l'urine, une femme peut aussi prendre plus de 0,9 kg (2 lb) en une semaine ou 2,7 kilos (6 lb) en un mois. Céphalées, vision trouble et douleur dans le haut de l'abdomen peuvent aussi être des symptômes de prééclampsie.

La pression artérielle et l'urine sont vérifiées régulièrement. Le médecin peut aussi demander des tests sanguins pour vérifier la numération des plaquettes et le bon fonctionnement du foie et des reins. Une faible numération des plaquettes et une valeur accrue des enzymes du foie indiquent une forme sévère de prééclampsie avec hémolyse des globules rouges, enzymes hépatiques élevés et taux de plaquettes abaissé.

Une prééclampsie sévère exige un séjour à l'hôpital. Tant la santé de la mère que de l'enfant sont sous surveillance constante. On peut donner à la mère du sulfate de magnésium pour augmenter l'afflux sanguin à l'utérus et aider à contrer les crises d'épilepsie. Si les tests indiquent une menace sérieuse pour la santé, un accouchement avant terme peut être nécessaire. On peut provoquer le travail ou procéder à une césarienne.

La prééclampsie légère peut être traitée par le repos complet au lit à la maison. On demande à la femme de se coucher sur le côté gauche pour une meilleure circulation sanguine vers le placenta. Le médecin voit souvent sa patiente pour vérifier la pression artérielle et l'urine, faire des tests sanguins et vérifier l'état du bébé. Il peut aussi demander à la mère de mesurer régulièrement la pression artérielle à la maison.

Après l'accouchement, la pression sanguine redevient normale en quelques jours ou en quelques semaines. Si elle est encore au stade 2 ou 3 après son retour à la maison, une femme peut devoir prendre un médicament pour la pression sanguine. La plupart des femmes peuvent réduire leur médication après quelques mois.

Éclampsie

Si on ne contrôle pas les symptômes de la prééclampsie, ils peuvent évoluer vers une condition parfois mortelle, l'éclampsie. L'incidence de l'éclampsie est de 1 sur 1 500 grossesses.

L'éclampsie peut parfois causer une lésion permanente au cerveau, au foie ou aux reins, et être fatale tant pour la mère que pour le bébé. Les symptômes de l'éclampsie sont:
- douleur dans le quadrant supérieur du côté droit de l'abdomen
- maux de têtes sévères et vision trouble, y compris éclats de lumière
- convulsions sévères
- inconscience.

Hormonothérapie substitutive post-ménopausique

Contrairement aux contraceptifs oraux dont le contenu en œstrogène et progestérone peut provoquer un légère élévation de la pression artérielle, dans l'hormonothérapie substitutive ces hormones n'élèvent pas la pression artérielle. Selon certaines études, l'hormonothérapie substitutive peut même très légèrement l'abaisser.

La différence tient surtout au niveau d'œstrogène. L'hormono-thérapie substitutive comporte des doses beaucoup plus faibles d'œstrogène que les contraceptifs oraux. Il faut aussi tenir compte du fait que l'hormonothérapie contient différents types de pro-gestérone.

L'hormonothérapie substitutive est prescrite aux femmes méno-pausées pour réduire leur risque cardiovasculaire et amenuiser les symptômes post-ménopausiques, comme les bouffées de chaleur et la sécheresse vaginale. Qu'une femme soit en santé ou hypertendue, l'hormonothérapie substitutive ne provoque aucune élévation de la pression artérielle et elle n'a donc pas à s'en soucier. Si la femme a subi une hystérectomie, elle ne prendra que de l'œstrogène.

Hypertension chez les enfants

La pression artérielle d'un bébé naissant est basse et augmente rapi-dement au cours de son premier mois de vie. Durant l'enfance, la pression artérielle continue de s'élever lentement jusqu'à l'ado-lescence, période à laquelle son niveau est comparable à celui d'un adulte.

On ne mesure habituellement pas la pression artérielle des bébés et des bambins parce qu'une lecture exacte est difficile à obtenir. Cependant lorsque l'enfant atteint l'âge de 3 ans, un méde-cin peut la mesurer à chaque fois qu'il évalue le développement d'un enfant bien portant.

On ne détermine pas l'hypertension de la même façon chez l'adulte et chez l'enfant. La pression artérielle de l'enfant est évaluée sur une échelle de percentiles, en tenant compte de son âge et de sa grandeur. À n'importe quel âge, un enfant plus grand aura tendance à avoir une pression artérielle plus élevée qu'un enfant de petite taille ou de taille moyenne. Une lecture de pression artérielle supérieure au 95e percentile est considérée comme étant élevée.

L'hypertension chez les enfants est peu fréquente. Néanmoins, considérant le nombre de plus en plus important d'enfants moins actifs et obèses, un plus grand pourcentage d'entre eux courent un risque d'hypertension à l'adolescence.

Plus souvent que chez l'adulte, l'hypertension infantile indique une autre maladie et l'élévation de la pression artérielle en est le symptôme. C'est la raison pour laquelle un médecin désire procéder à plusieurs tests pour déterminer la cause de l'élévation de la pression artérielle chez l'enfant. Si les résultats des tests sont tous normaux et toutes autres causes éliminées, il est alors possible que l'enfant soit hypertendu, pour les mêmes raisons que les adultes. Des facteurs comme l'obésité, une mauvaise alimentation et un manque d'exercice peuvent causer l'hypertension tant chez un enfant que chez un adulte.

Pour les enfants hypertendus sans causes définies, des changements dans les habitudes de vie constituent le traitement habituel. Il peut être ardu pour un enfant de suivre une diète et de faire régulièrment de l'exercice physique, plus spécialement pour un adolescent qui veut contrôler sa vie et faire ses propres choix. Il faut cependant souligner que ces changements dans les habitudes de vie sont très importants pour la santé future de l'enfant. Une hypertension ignorée ou non contrôlée chez un enfant peut entraîner des problèmes cardiaques ou des problèmes de vision.

Le médecin peut prescrire une médication si la pression artérielle de l'enfant est assez élevée ou si les changements dans les habitudes de vie ne donnent pas les résultats escomptés. Les mêmes médicaments utilisés pour contrôler l'hypertension de l'adulte sont utilisés pour les enfants, mais en doses plus faibles. Dans certains cas précis, l'hypertension chez les enfants peut être guérie par une chirurgie.

Hypertension chez les aînés

Il fut un temps où l'hypertension chez les adultes plus âgés était ignorée parce que l'on ne la voyait pas comme un problème. Cependant, des études récentes ont démontré que quel que soit l'âge, contrôler la pression artérielle peut réduire le risque d'accident vasculaire cérébral ou de crise cardiaque, et possiblement allonger la vie d'une personne de quelques années.

En vieillissant, la pression diastolique diminue légèrement, mais la pression systolique augmente souvent. En prenant de l'âge, les vaisseaux sanguins deviennent plus rigides, ce qui force le cœur à travailler plus fort pour pomper le sang. Les vaisseaux ne peuvent tout simplement plus s'étirer suffisamment pour accommoder la même quantité de sang, et la pression exercée sur les parois artérielles augmente.

Si la pression systolique s'élève à 160 mm Hg ou plus alors que la pression diastolique reste normale, il est possible qu'une personne souffre d'une condition appelée hypertension systolique isolée. Environ 50 pour cent des aînés faisant de l'hypertension sont dans cette condition.

Autrefois, les médecins hésitaient à traiter l'hypertension systolique isolée parce qu'ils la considéraient comme faisant partie du vieillissement. Cependant, une étude sur 5 ans a suggéré que traiter cette forme d'hypertension peut prévenir chaque année des milliers d'accidents vasculaires cérébraux et de problèmes cardiovasculaires sévères, y compris la crise cardiaque. Une étude européenne a démontré que chez les gens traités pour hypertension systolique isolée, la diminution des accidents vasculaires cérébraux était de 40 pour cent.

Maigrir si on a un surplus de masse corporelle et marcher tous les jours pour demeurer actif peuvent contribuer à abaisser la pression artérielle. Parce que la sensibilité au sodium augmente avec l'âge, limiter le sodium à 2 400 milligrammes par jour aide également à contrôler l'hypertension.

Chez les aînés ayant besoin de médicaments, un diurétique, un inhibiteur calcique ou un diurétique associé à un bêtabloquant est souvent la médication la plus efficace.

Hypertension chez les groupes ethniques

Dès 1932, les chercheurs constataient une différence de pression artérielle entre individus de race blanche et ceux de race noire. La pression artérielle mesurée chez 6 000 hommes de race noire était supérieure de 7 mm Hg à celle mesurée chez 8 000 hommes de race blanche.

Un individu de race noire court deux fois plus de risque de développer l'hypertension qu'un individu de race blanche. Il est également plus susceptible de souffrir de complications sérieuses ou de mourir d'une crise cardiaque ou d'un accident vasculaire cérébral reliés à l'hypertension. Un accès moins facile aux soins médicaux est une des causes de cette situation. Toutefois, la diffé rence entre individus de race noire et de race blanche est principalement d'ordre génétique.

Cependant, avec des soins médicaux appropriés, les crises cardiaques et les accidents vasculaires cérébraux reliés à l'hypertension peuvent être réduits dans une même proportion tant chez les personnes de race noire que chez celles de race blanche.

Pour un individu de race noire, le médicament de choix, et souvent le plus efficace, est un diurétique. Toutefois, parce que les personnes de race noire ont tendance à souffrir d'hypertension plus sévère, il peut être nécessaire d'y ajouter un autre médicament pour contrôler l'hypertension.

Les individus de race noire ne constituent pas le seul groupe racial ou ethnique présentant un risque accru d'hypertension. La maladie est plus répandue chez certaines populations amérindiennes que chez les populations de race blanche.

Hypertension et pathologies associées

Souvent, l'hypertension s'accompagne de pathologies qui la rendent plus difficile à traiter et à contrôler. Si une autre maladie chronique s'ajoute à l'hypertension, il est particulièrement important de voir son médecin régulièrement.

Problèmes cardiovasculaires

Des conditions cardiovasculaires coexistent souvent avec l'hypertension:

Arythmie. L'hypertension peut provoquer des battements cardiaques irréguliers. Le risque de développer une telle condition est plus grand si les taux de potassium et de magnésium dans le sang sont faibles.

Pour contrôler et prévenir l'arythmie, il faut consommer beaucoup d'aliments contenant du potassium et du magnésium. Si le faire n'aide pas, le médecin peut prescrire des suppléments pour maintenir des niveaux normaux.

Artériosclérose et athérosclérose. Dans ces deux conditions qui rétrécissent ou durcissent les artères, le médecin peut prescrire un diurétique thiazidique à faible dose ou un bêtabloquant pour réduire le volume du sang qui y circule.

Insuffisance cardiaque. L'insuffisance cardiaque cause un affaiblissement et une hypertrophie du cœur, lequel peut alors difficilement pomper le sang nécessaire à l'irrigation adéquate du corps. Dans certains cas, la maladie entraîne une accumulation de liquide dans les poumons ou dans les pieds et les jambes.

Un inhibiteur de l'ECA et des diurétiques sont le plus souvent prescrits si un insuffisance cardiaque s'ajoute à l'hypertension. Les inhibiteurs de l'ECA réduisent la pression artérielle en dilatant les vaisseaux sanguins, sans intervenir dans l'action de pompage du cœur. Les diurétiques réduisent l'accumulation de fluide. Dans certains cas précis, un bêtabloquant est indiqué.

Insuffisance coronarienne. Avec l'hypertension, le risque que les coronaires, les principales artères du cœur, soient endommagées est de 50 pour cent. Des lésions de ces artères augmentent le risque de crise cardiaque.

Les bêtabloquants et les inhibiteurs de l'ECA sont souvent les médicaments de choix pour les personnes souffrant d'hypertension accompagnée d'insuffisance coronarienne parce qu'en plus d'abaisser la pression artérielle, ils réduisent le risque de crise cardiaque. S'il y a déjà eu crise cardiaque, les bêtabloquants peuvent réduire le risque d'une nouvelle crise cardiaque.

Diabète

L'hypertension est presque deux fois plus répandue chez les diabétiques. Pour une personne de race noire, le risque de souffrir tant de diabète que d'hypertension est deux fois plus élevé que pour un blanc. Pour un Latino-américain, ce risque est trois fois plus élevé. Bien que les Latino-américains présentent le même risque d'hypertension que les blancs, leur risque de diabète est beaucoup plus grand. Lorsqu'une personne est atteinte de diabète, ses chances de faire de l'hypertension augmentent.

Quel que soit le groupe ethnique, souffrir tant de diabète que d'hypertension est grave. Entre 35 et 75 pour cent de toutes les complications associées au diabète peuvent être attribuées à l'hypertension. L'hypertension augmente également le risque de décès causé par le diabète.

Si une personne souffre de diabète et d'hypertension, elle devrait avoir pour objectif d'abaisser sa pression artérielle à 130/85 mm Hg ou moins.

Avec un diabète de type 2, le plus répandu apparaissant typiquement chez l'adulte d'âge moyen, il est important de ne pas ou ne plus fumer, d'avoir une alimentation saine, de faire régulièrement de l'exercice physique et de limiter l'ingestion d'alcool. Les mêmes comportements qui mènent à l'hypertension mènent également au diabète de type 2.

Si une médication pour l'hypertension est nécessaire, les inhibiteurs de l'ECA ou des inhibiteurs des récepteurs de l'angiotensine II sont les médicaments prescrits le plus souvent. Ils aident à protéger les reins qui risquent fort d'être atteints par les deux maladies. Ces médicaments causent également peu d'effets secondaires. Des diurétiques, des bêtabloquants, des inhibiteurs calciques ou des agents bloquants des récepteurs alpha peuvent aussi être utilisés.

Cholestérol élevé

Quatre-vingts pour cent des gens souffrant d'hypertension présentent également un taux de cholestérol élevé. Parce que tant un cholestérol élevé que l'hypertension augmentent le risque d'une crise cardiaque ou d'un accident vasculaire cérébral, il faut travailler sérieusement à abaisser les deux, le taux de cholestérol et la pression artérielle.

Les changements dans les habitudes de vie qui abaissent la pression artérielle peuvent aussi diminuer le taux de cholestérol. Cependant, environ 50 pour cent des gens ayant un taux de cholestérol élevé ont besoin de l'aide d'une médication pour l'abaisser à un niveau normal.

En ce qui concerne les antihypertenseurs, avec un taux de cholestérol élevé il faut éviter de prendre des doses élevées de diurétiques thiazidiques et salidiurétiques de l'anse de Henle. Ils peuvent augmenter les taux de cholestérol et de triglycérides, un autre genre de gras dans le sang. Cependant, de faibles doses de ces médicaments ne produisent pas les mêmes effets. De fortes doses de bêtabloquants ne constituent pas non plus un bon choix parce qu'ils peuvent réduire le taux de «bon» cholestérol, les lipoprotéines de haute densité, tout comme ils peuvent augmenter le taux de triglycérides. Toutefois, s'il devenait nécessaire de prescrire de fortes doses de l'un ou l'autre de ces médicaments, une diète et une médication pour le cholestérol peuvent aider à neutraliser l'augmentation de cholestérol.

Les médicaments les plus souvent prescrits dans le cas d'hypertension accompagnée de cholestérol élevé sont les inhibiteurs de l'ECA, les inhibiteurs des récepteurs de l'angiotensine II, les agents bloquants des récepteurs alpha, les inhibiteurs calciques et les agents à action centrale.

Lésion rénale

L'hypertension peut mener à l'insuffisance rénale chronique, une condition dans laquelle les reins ne fonctionnent plus. Avec une lésion rénale, il est important de prévenir toute aggravation de l'état des reins par l'hypertension.

L'insuffisance rénale est principalement une préoccupation chez les noirs. Ils sont environ quatre fois plus susceptibles de souffrir d'une maladie rénale avancée, menant à une insuffisance rénale irréversible et enfin, au décès.

Avec une lésion rénale, l'objectif devrait être d'abaisser la pression artérielle en-dessous de 130/85 mm Hg. À ce niveau, les fonctions rénales déclinent moins rapidement.

Les inhibiteurs de l'ECA sont souvent la meilleure médication pour prévenir de plus grands dommages aux reins. Cependant, ils ne sont pas recommandés dans le cas de lésions sévères, et ils ne sont pas efficaces chez les gens de race noire. Dans ce groupe, les inhibiteurs de l'ECA sont couramment combinés à un diurétique ou à un inhibiteur calcique.

Hypertension rebelle

Si malgré une obéissance aux recommandations du médecin et une bonne observance de la médication, une personne ne peut abaisser sa tension artérielle, il se peut qu'elle fasse partie des 5 à 10 pour cent de la population souffrant d'une hypertension «rebelle» ou «réfractaire», c'est-à-dire une hypertension qui résiste au traitement. L'hypertension rebelle est définie comme étant une hypertension qu'on ne peut abaisser au-dessous de 140/90 mm Hg en utilisant une association de trois types différents de médicaments.

Il est rare qu'une médication ne puisse abaisser l'hypertension. Souvent, il suffit de prendre le temps d'expérimenter différents médicaments pour trouver l'association médicamenteuse qui fonctionne le mieux.

Si une médication ne fonctionne pas, la première étape consiste à essayer un type différent de médicament. Certains fonctionnent mieux pour certaines personnes que pour d'autres. L'étape suivante est d'ajouter un deuxième médicament à celui déjà prescrit, et peut-être même un troisième. Il arrive fréquemment que des médicaments produisent des effets plus puissants prescrits en association que prescrits seuls. Il est rare qu'un personne commence un traitement avec trois médicaments différents, mais cette approche est parfois nécessaire.

Maintes fois, l'hypertension rebelle est due au refus de changer les habitudes de vie. Si l'hypertension résiste à la médication, il faut se poser les questions suivantes:

- *Est-ce que je prends mes médicaments en respectant l'ordonnance à la lettre?* Il faut bien observer l'ordonnance du médecin ou les médicaments risquent de ne pas fonctionner. Si les médicaments coûtent trop cher, ou si l'ordonnance est trop difficile à respecter, il faut en parler au médecin. Des médicaments moins dispendieux ou à ne prendre qu'une seule fois par jour peuvent souvent être trouvés. Il est également important de mentionner toutes les drogues prises, y compris les médicaments vendus sans ordonnance. Ils peuvent annuler l'effet des antihypertenseurs.
- *Est-ce que j'ai réduit ma consommation de sodium?* Rappelez-vous qu'il ne s'agit pas du sel de table seulement. Même sans saler ses aliments, il est possible de manger des aliments préparés contenant trop de sodium.
- *Est-ce que je bois trop d'alcool?* L'alcool peut garder la pression artérielle à un niveau élevé, spécialement si on en fait une forte consommation dans une courte période de temps. La médication peut ne pas être suffisante pour contrer les effets de l'alcool.
- *Est-ce que j'ai sérieusement essayé d'arrêter de fumer?* Tout comme l'alcool, le tabac peut garder la tension artérielle à un niveau élevé si on fume beaucoup.

- *Est-ce que j'ai pris du poids?* Généralement, maigrir fait baisser la pression artérielle. Une augmentation apprécia-ble de poids peut pro-voquer une élévation de la pression artérielle et la rendre plus difficile à contrôler.

- *Est-ce que je dors bien?* Une condition appelée apnée du sommeil peut provoquer une éléva-tion la pression sanguine. On la retrouve le plus souvent chez les aînés. Les gens souffrant d'apnée du sommeil arrêtent de respirer pendant de courtes périodes au cours de la nuit. Cette condition stresse le cœur et augmente la pression artérielle. Traiter cette condition peut réduire la pression artérielle.

> **Est-ce que vos lectures sont trompeuses?**
> Dans de rares cas, l'hypertension rebelle peut être une erreur de diagnostic. Deux conditions peu-vent donner des lectures de pres-sion artérielle systolique et diasto-lique plus hautes qu'elles le sont véritablement. Il s'agit d'une:
> - pseudohypertension
> - hypertension de «sarrau»
>
> Voir le Chapitre 3 (pages 43 et 46) pour en savoir plus sur ces conditions.

Si malade et médecin ont épuisé toutes les possibilités, il reste quelques options possibles. Pour commencer, il faut apporter davantage de changements positifs dans les habitudes de vie. En marchant un peu plus longtemps, en perdant 1 kilo de plus ou en améliorant encore sa diète, l'hypertension peut devenir moins rebelle au traitement.

Les autres options comprennent l'ajout d'un quatrième mé dicament à ceux pris quotidiennement ou augmenter la posologie de la médication existante. Le danger dans chacun de ces cas est le risque accru d'effets secondaires.

Crise hypertensive

À travers ce livre vous avez lu que l'hypertension non contrôlée peut ruiner votre santé, user le corps et endommager graduellement les organes. Parfois, l'hypertension peut soudainement mettre la vie en péril et exiger des soins immédiats. Lorsque que cela se produit, il s'agit d'une crise hypertensive.

Les crises hypertensives sont rares. Elles se produisent lorsque la pression artérielle s'élève à un niveau dangereusement élevé et s'accompagne d'autres symptômes graves (voir «Symptômes d'une crise hypertensive»). Généralement, une lecture de 180/110 mm Hg ou plus est considérée comme étant dangereusement élevée. Cependant, si une autre condition médicale est présente, de plus faibles élévations de la pression artérielle peuvent aussi signifier une urgence.

Pour prévenir des lésions aux organes, la pression artérielle doit être abaissée promptement mais graduellement. L'abaisser trop rapidement peut gêner la circulation sanguine normale, réduisant un peu trop l'irrigation du cœur, du cerveau et autres organes.

La raison la plus simple d'une élévation dangereuse de la pression sanguine est l'oubli de prendre un médicament et la réaction du corps à cette omission.

Les autres causes sont:
- un accident vasculaire cérébral
- une crise cardiaque
- une insuffisance cardiaque
- une insuffisance rénale
- une rupture de l'aorte
- une interaction entre la médication pour l'hypertension et un autre médicament
- l'éclampsie (voir page 167).

Symptômes d'une crise hypertensive

En plus d'une pression artérielle à un niveau dangereusement élevé, les symptômes précurseurs d'une crise hypertensive sont:
- céphalée ou mal de tête sévère, accompagnée de confusion et d'une vision trouble
- fortes douleurs dans la poitrine
- essoufflement très prononcé
- nausées et vomissements
- crises d'épilepsie
- absence de réaction ou de réponse.

Ne buvez et ne mangez rien, étendez-vous jusqu'à ce qu'une aide médicale d'urgence arrive ou jusqu'à ce que vous soyez transporté à l'hôpital.

Urgent vs impérieux

Si au moins trois lectures de la pression artérielle prises à quelques minutes d'intervalle donnent des mesures de 180/110 mm Hg ou plus, sans être accompagnées d'autres symptômes, il est impérieux de communiquer avec son médecin ou un autre professionnel de la santé à son bureau, ou si la chose est impossible, de se rendre à l'hôpital le plus proche.

Bien qu'en elle-même une pression artérielle de 180/110 mm Hg n'est pas considérée comme étant une urgence, il est important d'être évalué le plus tôt possible. Non traitée pendant quelques heures, une pression artérielle aussi élevée peut dégénérer en situation d'urgence.

Résumé

Concepts clés à retenir dans ce chapitre:

- Les nouveaux contraceptifs oraux et l'hormonothérapie substitutive produisent ou aggravent rarement l'hypertension.
- L'hypertension durant la grossesse doit être surveillée de près. Elle peut être un symptôme d'une condition appelée prééclampsie. Non traitée, la prééclampsie peut conduire à une éclampsie susceptible de mettre la vie en péril.
- L'hypertension chez les enfants n'est pas chose commune. Plus souvent que chez les adultes, c'est le symptôme d'un autre problème de santé.
- On a avantage à traiter l'hypertension à tout âge.
- L'incidence de l'hypertension et des complications qui en découlent est deux fois plus élevée chez les noirs. Quelques populations amérindiennes présentent aussi des taux d'hypertension plus élevés.
- L'hypertension associée au diabète, au cholestérol élevé, à une maladie cardiovasculaire ou à une lésion rénale exige un traitement agressif.
- Une pression artérielle dangereusement élevée, accompagnée d'autres symptômes, requiert des soins immédiats.

Contrôle constant

L'hypertension n'est pas une maladie que l'on peut traiter et ensuite oublier. C'est un état pathologique qu'il faut contrôler toute sa vie, ce qui peut parfois être difficile parce que l'on ne sent et ne voit rien d'anormal. Pour plusieurs maladies, comme l'arthrite et les allergies, les symptômes incitent à rechercher un traitement. On sent la douleur aiguë des articulations arthritiques. On renifle, on a les yeux qui piquent et on tousse s'il y a allergie. Le contrôle vient naturellement parce que l'on désire faire disparaître ces symptômes.

L'absence de symptômes est souvent la raison pour laquelle les hypertendus ne prennent pas les mesures nécessaires pour traiter la maladie et c'est également pourquoi seulement une personne atteinte sur quatre contrôle son hypertension artérielle.

Pour contrôler l'hypertension, la mesure de la pression artérielle à la maison, l'observance de l'ordonnance médicale et les visites régulières chez le médecin, sont essentielles, et peuvent augmenter de façon significative les chances de vivre plus longtemps et en meilleure santé.

Surveillance à domicile

Le bureau du médecin n'est pas l'unique endroit où mesurer la pression artérielle. Il est possible de le faire soi-même à la maison.

Les moniteurs de pression artérielle sont disponibles dans les magasins d'appareils médicaux et dans plusieurs pharmacies. Avec un peu de pratique, ils sont faciles à utiliser.

Bienfaits de la surveillance à domicile

Mesurer la pression artérielle à la maison permet de:

Évaluer l'efficacité du traitement. Parce que l'hypertension ne présente aucun signe ou symptôme, la seule façon de s'assurer que les changement dans les habitudes de vie et la médication sont efficaces est de mesurer la pression artérielle régulièrement.

Favoriser un meilleur contrôle. Lorsque l'on prend l'initiative de mesurer sa propre pression artérielle, ce geste responsable déteint dans d'autres domaines. Il peut davantage inciter à manger sainement, augmenter les activités physiques et bien observer l'ordonnance médicale.

Identifier l'hypertension de «sarrau». Le simple fait de se rendre chez le médecin peut rendre certaines personnes nerveuses et augmenter leur pression artérielle. Mesurer la pression artérielle à domicile aide à déterminer si une personne est vraiment hypertendue ou s'il s'agit d'une hypertension de «sarrau».

Économiser. Mesurer la pression artérielle à domicile économise le coût de nombreux déplacements au bureau du médecin simplement pour y faire mesurer sa pression artérielle. C'est principalement vrai lorsqu'une personne commence une nouvelle médication ou lorsque le médecin doit ajuster la posologie. Dans ces cas, de fréquentes mesures contribuent à assurer un meilleur contrôle.

Types de sphygmomanomètres

Les moniteurs pour mesurer la pression artérielle présentent de nombreuses différences. Si quelques-uns sont plus faciles à utiliser, d'autres sont plus fiables, et certains sont plutôt inexacts et les acheter constitue du gaspillage.

Les sphygmomanomètres sont disponibles sous ces formes:

Sphygmomanomètres à colonne de mercure. Ces moniteurs comportent une longue jauge de verre ressemblant à un gros thermomètre. On les voit souvent dans les hôpitaux et les bureaux des médecins, et pour une bonne raison. Ce sont les appareils les plus exacts, la norme servant de point de comparaison pour vérifier l'exactitude de tous les autres.

Les modèles à colonne de mercure mesurent à quelle hauteur votre hypertension pousse la colonne de mercure à l'intérieur de la jauge. Les moniteurs à colonne de mercure offrent l'avantage de n'exiger aucun ajustement ou calibrage pour être exacts.

Cependant, ce type de moniteur peut être difficile à utiliser, spécialement si une personne a des problèmes d'ouïe ou de dextérité. Les modèles standards exigent l'utilisation d'un stéthoscope pour entendre le battement cardiaque et une poire ou pompe manuelle pour gonfler le brassard. Toutefois, certains moniteurs à colonne de mercure comportent un stéthoscope intégré.

Les moniteurs à colonne de mercure doivent nécessairement être déposés sur une surface plane durant l'utilisation et être lus à la hauteur de l'œil.

Sphygmomanomètres avec jauge à ressort. Ces moniteurs comportent un cadran rond actionné par une jauge à ressort. Chaque degré parcouru par l'aiguille sur le cadran représente un millimètre de mercure.

Les professionnels de la santé recommandent souvent les modèles avec jauge à ressort parce qu'ils sont bon marché et faciles à transporter. De plus, certains cadrans sont très grands pour une lecture facile, et d'autres ont un stéthoscope intégré pour faciliter l'utilisation.

Un appareil avec jauge à ressort a cependant l'inconvénient d'exiger une vérification de son exactitude une fois par année en le comparant avec un modèle à colonne de mercure. Il est possible de le faire en emportant l'appareil au bureau du médecin. Si la lecture diffère de plus de 4 mm, il faut remplacer l'appareil.

Comme les appareils à colonne de mercure, les moniteurs standards avec jauge à ressort ne sont pas recommandés pour les personnes ayant des problèmes d'ouïe ou de dextérité manuelle. Ils exigent aussi l'utilisation d'un stéthoscope pour entendre le battement cardiaque et d'une poire pour gonfler le brassard.

Moniteurs électroniques. Aussi appelés moniteurs digitaux, ce sont les plus populaires et les plus faciles à utiliser. Ce sont aussi les plus dispendieux. Leur prix peut représenter cinq ou six fois celui d'un appareil avec jauge à ressort standard.

Avec un moniteur électronique, il suffit de faire deux choses: passer le bras dans le brassard et pousser un bouton. Le brassard se gonfle automatiquement et se dégonfle lentement. Des senseurs intégrés détectent la pression artérielle et affichent la mesure sur un écran.

Pour obtenir une lecture exacte, on place le brassard sur la principale artère du bras, l'artère brachiale. Parce qu'il est important que le brassard s'ajuste convenablement sur le bras, il est bon de demander à son médecin, ou à un autre professionnel de la santé, de mesurer le contour du bras et de déterminer la taille de brassard qui convient.

Comme pour les modèles avec jauge à ressort, il faut faire vérifier l'exactitude du moniteur digital une fois par année. Les moniteurs électroniques sont moins exacts que les modèles précédents. Ce sont également les moniteurs les plus fragiles, donc les plus faciles à endommager.

Si votre rythme cardiaque est irrégulier, utiliser un moniteur digital ne donne pas des lectures précises, et vous devriez éviter de l'utiliser.

Moniteurs pour poignet ou doigts. Pour diminuer la taille des moniteurs de pression artérielle, certains fabricants ont fabriqué des modèles qui mesurent la pression artérielle sur le poignet ou les doigts, plutôt que sur le haut du bras.

Malheureusement, la technologie de ces moniteurs n'égale en rien leur simplicité d'utilisation. Il faut éviter de les acheter parce qu'ils ne donnent pas des lectures exactes. Les moniteurs utilisant le poignet sont relative-

Les moniteurs de pression artérielle électroniques sont les plus populaires et les plus faciles à utiliser. Ce sont aussi les plus dispendieux.

ment précis, mais il faut s'assurer de garder le poignet au même niveau que le cœur en mesurant la pression artérielle.

Conseils pour la surveillance à domicile

Apprendre à mesurer correctement la pression artérielle demande une légère formation et de la pratique. Après l'achat d'un moniteur de pression artérielle, il est conseillé de le faire voir à son médecin.

En plus de s'assurer de son fonctionnement adéquat, lui ou un autre professionnel de la santé vous indiquera la façon de l'utiliser correctement. Des cours sont même offerts pour mesurer la pression artérielle. N'oubliez pas qu'avec un rythme cardiaque irrégulier, obtenir une lecture exacte est plus difficile.

Pour mesurer la pression artérielle avec exactitude:

- Ne pas mesurer la pression artérielle au lever le matin. Attendre d'avoir bougé pendant une heure ou plus. Si vous faites des exercices physiques après votre réveil, attendez 2 heures après vos exercices pour le faire. La pression artérielle se maintient à un niveau temporairement bas pendant 1 heure ou 2 après des exercices.
- Attendre au moins une demi-heure après avoir mangé, fumé ou bu de la caféine ou de l'alcool pour mesurer la pression artérielle. La nourriture, le tabac, la caféine et l'alcool peuvent provoquer une élévation de la pression artérielle.
- Vider la vessie. Une vessie pleine élève légèrement la pression artérielle.
- S'asseoir calmement environ 5 minutes avant de mesurer la pression artérielle.
- La pression artérielle varie durant la journée. Les lectures sont souvent plus élevées le matin. L'humeur peut aussi influencer la pression artérielle. Après une journée difficile, il ne faut pas s'affoler si la pression artérielle est plus élevée.
- Suivre la technique appropriée. Respecter ces 10 étapes pour mesurer la pression artérielle. Avec un appareil électronique, certaines de ces étapes ne s'appliquent pas.

1. S'asseoir confortablement, sans croiser les jambes ou les chevilles, le dos appuyé au dossier d'une chaise. Déposer le bras au niveau du cœur sur une table ou sur l'appui-bras d'un fauteuil. Pour un droitier, il sera peut-être plus facile de mesurer la pression sur le bras gauche, et inversement pour un gaucher. Tenter de toujours utiliser le même bras.

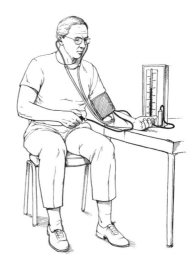

2. Trouver le pouls en pressant fermement à l'intérieur du coude, au-dessus de l'endroit où il plie. Si vous ne le trouvez pas, vous pesez trop ou pas assez.

3. Enroulez le brassard autour du bras nu, environ 5 cm (2'') au-dessus du pli du coude. La partie gonflable du brassard doit entourer totalement le bras et s'ajuster parfaitement. Un

brassard standard convient à la plupart des adultes. Il est conçu pour une circonférence de 23 à 30,5 cm (9 à 12»). Des brassards plus petits sont également disponibles.

4. Si on utilise un stéthoscope, appuyer le côté plat fermement et directement sur l'artère brachiale, juste sous le brassard. Si le moniteur comporte un stéthoscope intégré, parfois indiqué par une flèche, le placer à l'endroit où le pouls a été localisé, et mettre les écouteurs dans les oreilles.

5. Placer la jauge là où elle peut être lue facilement, et s'assurer qu'elle est à zéro avant de gonfler le brassard.

6. Presser la poire à plusieurs reprises pour gonfler le brassard, en utilisant la main du bras sans brassard. Gonfler le brassard jusqu'à 30 millimètres (mm) de plus que la pression systolique habituelle (chiffre du haut) et arrêter. Le pouls ne devrait pas s'entendre au stéthoscope.

7. Tourner lentement la valve d'échappement et dégonfler le brassard à une vitesse d'environ 2 ou 3 mm à la seconde. Surveiller la jauge et écouter attentivement. Dès que la première pulsation est entendue, prendre note du chiffre sur la jauge. L'aiguille de la jauge peut sauter légèrement. C'est la pression systolique.

8. Continuer à dégonfler le brassard. Lorsque le bruit des pulsations cesse, prendre note du chiffre sur la jauge. C'est la pression diastolique. Chez certaines personnes, le bruit ne disparaît pas complètement, mais s'affaiblit considérablement. Cet affaiblissement soudain du son indique la pression diastolique.

9. Attendre 2 minutes et recommencer pour vérifier l'exactitude des premiers chiffres. Si vous avez des difficultés à obtenir des

Pour créer un journal électronique, visitez la page web Mayo Clinic Health Oasis

Visitez notre page d'accueil *www.mayohealth.org* pour constater avec quelle facilité il est possible de surveiller la pression artérielle à l'aide de l'ordinateur. Il suffit d'imprimer le journal lors d'un rendez-vous chez le médecin, et le tour est joué. Vous trouverez le journal de pression artérielle au Health Center.

lectures uniformes, téléphonez à votre médecin. Le problème peut être causé par votre technique ou votre appareil. Communiquez avec votre médecin si vous constatez une élévation inhabituelle ou constante de la pression artérielle.

10. Garder un journal indiquant la date, l'heure et les lectures de pression artérielle, et le faire voir au médecin lors des visites à son bureau.

Utilisation sécuritaire de la médication

Lorsqu'une personne est sous médication pour contrôler l'hypertension, elle ne doit pas oublier que son efficacité dépend en grande partie de son observance de l'ordonnance médicale. Quand, comment et avec quoi prendre des pilules sont des facteurs importants.

Prendre correctement ses médicaments

Il faut prendre ses pilules telles que prescrites. Cela peut sembler évident, mais on estime qu'environ seulement 50 pour cent des gens prennent au bon moment, la dose exacte de leur médicaments pour l'hypertension.

Si les pilules sont prises trop tôt, elles augmentent le niveau du médicament dans le sang. Cette surdose peut produire des symptômes et des effets secondaires comme la nausée et la diarrhée. Prises trop tard, le niveau de médicament dans le sang diminue et la pression artérielle peut s'élever. Si une personne cesse totalement de prendre ses pilules, la pression artérielle peut atteindre des niveaux plus élevés qu'à l'époque du dépistage de la maladie.

Voici quelques suggestions pour aider à prendre correctement la médication:

Lier la médication aux événements quotidiens. Si un médicament doit être pris le matin, mettre les pilules près de l'assiette de petit-déjeuner, de la brosse à dents ou du rasoir, hors de portée des enfants ou des petits animaux, ou garder un aide-mémoire près de ces objets afin de ne pas oublier de prendre ses médicaments.

Régler la sonnerie d'un réveil ou d'une montre. La sonnerie indique qu'il est l'heure de prendre la médication.

Boîte à pilules compartimentée. Lorsqu'une médication comporte plusieurs médicaments, il est sage d'acheter un semainier, boîte à pilules comportant 7 compartiments, un pour chaque jour de la semaine. En le remplissant une fois par semaine, il devient facile de savoir quelles sont les pilules à prendre et à quel moment.

Assistance d'un proche. Un proche parent ou un ami qui nous rappelle qu'il est temps de prendre un médicament est parfois très utile, du moins jusqu'à ce que cette habitude soit intégrée à la routine quotidienne.

Prendre les pilules avec de l'eau. L'eau aide le médicament à se dissoudre. Afin de s'assurer qu'un autre liquide se mélange bien avec le médicament, il est préférable de parler au pharmacien avant de prendre des pilules avec autre chose que de l'eau. Si un médicament doit être pris en mangeant, il faut le faire, sinon les ingrédients actifs pourraient ne pas être absorbés adéquatement.

Bon éclairage. Il ne faut pas prendre une pilule dans le noir afin d'éviter de prendre accidentellement un mauvais médicament.

Garder les contenants originaux. Il est bon de les apporter occasionnellement chez le médecin pour s'assurer que l'on prend le bon médicament et la dose appropriée.

Prendre note des effets secondaires. Il faut informer son médecin dès le rendez-vous suivant si on éprouve des effets secondaires.. Il voudra peut-être ajuster la posologie ou essayer un autre médicament. Tous les médicaments pour l'hypertension peuvent produire des effets secondaires. Cependant, avec la bonne médication, peu de gens ont des problèmes.

Renouveler les ordonnances à l'avance. Planifier au moins quelques semaines en cas d'événements fortuits. Tempête, grippe ou accident sont des exemples de contretemps qui peuvent retarder une visite chez le pharmacien.

Ne pas changer le dosage. Si la pression artérielle s'élève malgré une prise de médication adéquate, il ne faut pas augmenter la dose de son propre chef, sans d'abord consulter le médecin. Il ne faut pas non plus la réduire sans lui en avoir parlé.

Prévention des interactions médicamenteuses

Il existe plus de 80 médicaments pour contrôler l'hypertension. Mélangés à d'autres médicaments vendus avec ou sans ordonnance, à des produits alternatifs ou même à quelques aliments, certains peuvent produire des effets secondaires dangereux. C'est pourquoi il est important d'indiquer au médecin tous les médicaments utilisés et de s'informer des interactions potentiellement nocives.

Médicaments sous ordonnance. Parce que plusieurs médicaments sous ordonnance peuvent interagir avec certains antihypertenseurs, il faut aviser le médecin de tous les médicaments utilisés. Combiner deux médicaments qui ne devraient pas être pris ensemble peut provoquer une interaction médicamenteuse potentiellement mortelle.

Est-ce qu'un jour, la médication sera superflue?

Lorsqu'une personne a scrupuleusement respecté sa médication et que sa pression artérielle est redevenue normale, elle se demande à bon droit si elle pourra un jour cesser de prendre des médicaments. La réponse est «non».

Bien que certaines personnes hypertendues arrivent à réduire la quantité des médicaments à prendre quotidiennement, la plupart continuent leur médication pour le reste de leur vie. Les antihypertenseurs conservent la pression artérielle à un niveau sécuritaire et réduisent le risque d'accident cardiovasculaire cérébral, de crise cardiaque et autres complications d'une hypertension non contrôlée.

Dans un petit nombre de cas, certains individus avec une hypertension de stade 1, ayant maintenu une pression artérielle normale pendant au moins un an, peuvent cesser leur médication. Pour le faire, le médecin doit la réduire graduellement et il voit le patient fréquemment pour s'assurer que la pression artérielle ne recommence pas à s'élever.

Pour contrôler la pression artérielle sans médication, il est essentiel de perdre du poids, de faire des exercices physiques, de s'alimenter sainement et de limiter l'ingestion d'alcool. Certaines personnes qui parviennent à éliminer graduellement la médication pour l'hypertension doivent éventuellement la reprendre.

Si des effets secondaires désagréables constituent la principale raison de souhaiter éliminer la médication, travailler avec le médecin à trouver un moyen de réduire ou d'éliminer ces effets secondaires est une meilleure solution.

Médicaments grand public. Les sédatifs, décongestionnants et anorexigènes (frénateurs de l'appétit) sont les produits qui posent le plus de problèmes avec une médication pour l'hypertension. Pris avec certains antihypertenseurs, des médicaments pour le grand public, offerts sur les tablettes d'une pharmacie, peuvent causer une élévation de la pression artérielle.

Anti-inflammatoires. Aspirine (Aspirin), ibuprofène (Advil, Motrin-IB), lkétoprofène (Actron, Orudis-KT) et naproxen sodique (Aleve, Naprosym) peuvent interférer avec trois types d'antihypertenseurs: diurétiques, bêtabloquants et inhibiteurs de l'ECA.

Pris occasionnellement, les anti-inflammatoires ne posent pas de problème. Mais utilisés régulièrement, en provoquant une possible rétention de liquide et de sel dans le corps, ils peuvent neutraliser les effets des diurétiques. Ils peuvent également empêcher la production et la libération de substances qui dilatent les vaisseaux sanguins, éliminant ainsi les effets des bêtabloquants, tout comme ils peuvent réduire la capacité des inhibiteurs de l'ECA de les dilater.

Si vous prenez un anti-inflammatoire pour l'arthrite ou autre problème de santé, parlez à votre médecin. Il pourrait décider de changer votre médication pour l'hypertension.

Médicaments contre le rhume et les allergies. Avec l'hypertension, ces produits doivent être utilisés avec parcimonie. Ils contiennent de la pseudoéphédrine, un décongestionnant, et de la phényléphrine, substance utilisée dans les vaporisations nasales. La pseudoéphédrine et la phényléphrine simulent les effets de la noradrénaline, provoquant un rétrécissement des vaisseaux sanguins. Ceci peut affecter la pression artérielle.

Anorexigènes (frénateurs de l'appétit). Ils contiennent de la phénylpropanolamine qui agit de la même façon que la pseudoéphédrine et la phényléphrine.

Drogues illicites. La cocaïne provoque un rétrécissement et une inflammation des vaisseaux sanguins, sans compter qu'elle interfère avec les effets des antihypertenseurs. D'autres stupéfiants illicites causent aussi des interactions dangereuses. C'est en partie parce que la fabrication de ces drogues n'est pas réglementée qu'elles peuvent contenir des substances cachées dangereuses, comme des herbicides ou du talc.

Aliments. Le jus de pamplemousse peut réduire la capacité du foie à éliminer certains inhibiteurs calciques. Ils s'accumulent alors dans l'organisme, provoquant des effets secondaires déplaisants et nocifs. Si vous prenez des médicaments contenant félodipine, nifédipine ou vérapamil, ne les prenez pas avec du jus de pamplemousse, et n'en buvez pas dans les 2 heures qui précèdent ou suivent la prise de ces médicaments.

La réglisse naturelle, un ingrédient aigre-doux additionné au tabac à chiquer et à certaines pastilles contre le rhume, peut élever la tension artérielle à cause d'un certain acide qui provoque une rétention de liquide et de sel. Si vous prenez un diurétique pour évacuer le surplus de sel et de fluide, évitez la réglisse naturelle. L'arôme artificiel de réglisse, celui utilisé en confiserie, ne cause pas de problème.

Réduire le coût des médicaments

Plusieurs antihypertenseurs sont dispendieux. Malgré certains programmes d'assurance médicaments gouvernementaux ou privés, prendre un médicament chaque jour de sa vie représente une grosse dépense, et encore plus si on en prend deux ou plus quotidiennement. Cependant, il existe des façons de réduire ces coûts.

Médicaments génériques. À l'expiration d'un brevet pharmaceutique, soit 17 ans en moyenne, d'autres entreprises pharmaceutiques peuvent librement reproduire un médicament avec les mêmes ingrédients. Cette concurrence force souvent le fabricant d'origine à réduire ses prix. De plus, le médicament générique est habituellement moins élevé, parce que les fabricants de produits génériques n'absorbent pas le coût des années de recherche et de développement.

Il faut discuter avec son médecin de l'achat d'un médicament générique. On ne doit pas se surprendre si les nouvelles pilules ne ressemblent pas aux pilules originales. Les médicaments génériques sont souvent présentés sous une autre forme et une autre couleur. C'est pourquoi il faut lire soigneusement l'étiquette d'un médicament générique avant de le prendre pour s'assurer que le dosage est le même que celui de l'ordonnance originale.

Les médicaments génériques ne subissent pas les mêmes tests rigoureux que les médicaments de marques déposées, même s'ils

...nts nutritifs et herbacés

...e santé alternatifs sont de plus en plus populaires. Cependant, ...pas toujours sûrs et efficaces. Voici une liste de produits vendus pour contrôler la pression artérielle et d'autres pour l'élever. Si vous prenez un supplément, ou si vous y songez, informez votre médecin.

Supplément	Notre opinion et nos conseils
Suppléments vendus pour abaisser la pression artérielle	
Coenzyme Q-10	Aucune preuve évidente d'un effet sur la pression artérielle
Capsules d'huile de poisson contenant des acides gras omega-3	Capsules riches en gras et en kilojoules. Peuvent produire des effets secondaires gastro-intestinaux, laissent un arrière-goût de poisson. Manger du poisson est préférable.
Ail	Résultats mitigés lors de l'étude. Aucune preuve évidente d'effet sur la pression artérielle.
Gingko biloba	Aucune preuve évidente d'effet sur la pression artérielle.
Thé vert	Aucune preuve évidente d'effet sur la pression artérielle.
Potassium, calcium et magnésium	Peuvent interagir avec d'autres médications. Diarrhée possible avec les suppléments de magnésium. Trop de potassium peut influencer le rythme cardiaque. Obtenir des minéraux à partir des aliments est préférable.
Vitamine C	Aucune preuve évidente d'effet sur la pression artérielle.
Suppléments susceptibles d'élever la pression artérielle	
Éphédrine (Ephedra)	Prétention d'un effet favorable à la perte de poids et effet de ‹stimulation›. À éviter. Peut provoquer une élévation dangereuse de la pression artérielle et de la fréquence cardiaque.
Racine de réglisse	Prétention de guérison pour ulcères, rhume et grippe. À éviter. Peut élever la pression artérielle.
Yohimbine	Prétention d'augmentation du désir sexuel. À éviter. Peut élever la pression artérielle.

sont testés pour s'assurer qu'ils contiennent les mêmes éléments actifs et que le corps les supporte bien. Ils doivent répondre aux mêmes critères d'identité, de force, de qualité et de pureté que les médicaments portant une marque. Il est cependant bon de surveiller la pression artérielle plus souvent quand on change pour un médicament générique.

Couper les comprimés. Les comprimés viennent généralement en doses variées. Il est aussi fréquent que les comprimés à plus forte dose coûtent seulement un peu plus cher que ceux dont la dose est plus faible. Ceci signifie par exemple, que si vous devez prendre des comprimés de 50 mg, vous pouvez acheter des comprimés de 100 mg, les couper en deux et économiser.

Cependant, on ne peut le faire pour des capsules remplies de granules à effet prolongé. Les différents ingrédients ne sont pas répartis également de chaque côté de la capsule. On ne doit pas le faire non plus pour les comprimés enrobés pour éviter qu'ils se dissolvent dans l'estomac. Les couper annule l'effet de l'enrobage. De plus, un médicament peut être vendu à une dose plus forte qui ne permet pas une division, car les comprimés doivent être coupés en portions égales.

Vérifiez auprès de votre médecin avant de couper vos comprimés afin de vous assurer qu'il est sécuritaire de le faire. Dans les magasins de fournitures médicales et dans certaines pharmacies, il est possible de se procurer à bon prix une petite lame pour couper les comprimés au niveau de l'entaille au centre. Son utilisation est plus facile et plus précise que celle d'un couteau.

Associer les médicaments. Certains médicaments pour l'hypertension sont si souvent utilisés en association, que les fabricants ont mélangé deux ou plusieurs ingrédients dans un seul comprimé. Ils sont généralement moins chers que plusieurs comprimés achetés individuellement. Si vous prenez plus qu'un médicament pour l'hypertension, demandez à votre médecin s'ils se vendent combinés en un seul. Un échantillon de ces associations médicamenteuses est présenté au Chapitre 10 (page 158).

Suivi médical

Dans le cas d'hypertension de stade 1 sans lésion organique appa-
rente, le médecin souhaite revoir un patient un mois ou deux après
le diagnostic. Au cours de la première visite du suivi médical, il
évalue l'état de la personne pour déterminer si la pression artérielle
a baissé et s'il y a lieu, connaître les effets secondaires possibles de
la médication.

Si la pression artérielle n'a pas diminué, le médecin peut
décider de changer la thérapie, et possiblement la médication.

S'il s'agit d'hypertension de stade 2 ou 3, sans autres problèmes
médicaux qui compliquent le traitement, le médecin désire voir son
patient toutes les 2 à 4 semaines jusqu'à ce que la pression artérielle
soit sous contrôle.

Une fois la pression artérielle contrôlée, une ou deux visites par
année suffisent, à moins d'un problème coexistant tel diabète,
cholestérol élevé ou insuffisance cardiaque ou rénale. Dans ce cas,
des visites médicales plus fréquentes sont requises.

Le suivi médical typique comprend deux mesures de la pression
artérielle, un examen physique général et quelques tests de routine.
Les tests peuvent alerter le médecin des problèmes possibles causés
par la médication ou un affaiblissement des fonctions cardiaques ou
rénales relié à l'hypertension. De plus, le suivi offre l'occasion de
discuter poids, diète et activité physique avec le médecin.

Malheureusement, près de 50 pour cent des personnes hypertendues ne visitent pas leur médecin régulièrement, malgré une
recommandation à cet effet. C'est une autre raison pour laquelle la
plupart des gens atteints d'hypertension ne contrôlent pas leur
condition.

Objectif à atteindre

Lorsqu'une personne a de la difficulté à abaisser sa pression
artérielle à un niveau sécuritaire, elle peut être tentée d'abandonner.
Il ne faut pas abandonner. Pour certains, abaisser la pression
artérielle à un niveau normal ou sécuritaire exige simplement du
temps.

Voici ce qui peut vous aider:
- Apprendre tout ce qu'il est possible d'apprendre sur l'hypertension. Puisque vous lisez ce livre, vous êtes déjà sur la bonne voie.
- Avoir des habitudes de vie saines, contrôler son poids, s'alimenter selon les recommandations de l'étude DASH, faire des exercices physiques et limiter l'ingestion d'alcool.
- Être patient et optimiste.

Parents et amis

Renseigner parents et amis sur l'hypertension est important pour qu'ils vous aident à contrôler votre condition. S'ils ne comprennent pas le danger qu'une pression artérielle non contrôlée représente pour votre santé, ils peuvent contrecarrer vos efforts sans le savoir. Ils peuvent vous offrir des aliments nuisibles, pester contre le temps que vous consacrez aux activités physiques et même se plaindre du coût élevé de vos médicaments.

Si votre famille et vos amis comprennent bien que vous devez contrôler votre pression artérielle, ils peuvent vous aider à vous alimenter sainement, prendre vos médicaments quand il le faut ou même vous accompagner pour votre marche quotidienne.

Parents et amis peuvent devenir vos alliés les plus loyaux pour contrôler votre pression artérielle. Il est donc important de leur demander et d'accepter leur appui.

Entreprise à long terme

On ne guérit pas l'hypertension. Vous en souffrirez toujours. Cependant, la façon dont la maladie affecte votre vie peut faire toute la différence. Vous assumez la plus grande responsabilité dans le contrôle de votre pression artérielle. En changeant vos habitudes de vie et, au besoin, en prenant des médicaments, vous pouvez contrôler pression artérielle et ainsi éviter, ou réduire, les conséquences graves de la maladie.

Votre santé future ne dépend que de vous.

Résumé

Concepts clés à retenir dans ce chapitre:

- Surveiller la pression artérielle à domicile peut aider à contrôler sa condition. Les moniteurs de pression artérielle sont vendus dans les magasins de fournitures médicales et dans certaines pharmacies.
- Il est essentiel de prendre une médication pour l'hypertension chaque jour, en respectant l'ordonnance médicale. Des boîtes à pilules et aide-mémoire aident à prendre correctement les médicaments.
- Médicaments génériques, division des comprimés ou achats de médicaments combinés sont possibles pour réduire les coûts.
- Les médicaments grand public, comme les sédatifs, décongestionnants, antihistaminiques et anorexigènes peuvent contrer les effets de certains antihypertenseurs.
- Il faut voir son médecin régulièrement, tel que recommandé.
- Il est bon d'obtenir l'appui des parents et amis pour qu'ils vous aident à contrôler votre hypertension.
- Contrôler l'hypertension est le projet de toute une vie.

Menus
selon l'étude DASH

Les pages qui suivent présentent des menus élaborés par les diététiciens de la clinique Mayo, basés sur les recommandations de l'approche diététique pour contrer l'hypertension de l'étude DASH. Les menus favorisent les grains entiers, les légumes, les fruits et les produits laitiers écrémés ou semi-écrémés. Ces aliments contribuent à fournir des quantités suffisantes de potassium, de calcium, de magnésium et de fibres alimentaires, lesquels sont associés à une pression artérielle basse. Le menu de chaque jour est basé sur une diète de 8 400 kilojoules (2 000 Cal), avec un maximum de 30 pour cent des kilojoules ou calories provenant des matières grasses. (Voir la page 69 pour déterminer vos besoins. Un diététicien diplômé peut vous aider à ajuster les menus en fonction de vos besoins énergétiques.) De plus, le sodium est limité à 2 400 mg par jour.

La recette du plat principal du dîner est donnée pour chacun des menus. Ces recettes comportent des ingrédients généralement disponibles et se préparent facilement.

Ces menus peuvent servir de guide pour adopter une alimentation plus nutritive et plus équilibrée. Sentez-vous à l'aise pour y apporter les ajustements et les substitutions convenant à vos goûts. Si par exemple vous n'aimez pas les pêches, vous pouvez substituer le fruit d'un autre jour, comme une pomme ou une portion de fraises, à la pêche du menu du Jour 1.

L'idée générale consiste à profiter d'une variété d'aliments dans votre diète quotidienne.

Jour 1

Petit-déjeuner

2 crêpes au gruau, garnies de 125 g [4 oz / 1/2 t. (250 ml)] de sauce aux
     pommes non sucrée
250 g [8 oz / 1 t. (250 ml)] de yogourt allégé aromatisé aux fruits
Café décaféiné

Lunch

Sandwich au bœuf avec sauce barbecue: 60 g [2 oz] de minces tranches
     de rôti de bœuf recouvertes de 15 ml [1 c. à t.] de sauce barbecue, sur
     une brioche aux oignons grillée
1 petit épi de maïs ou 90 g [3 oz / 1/2 t.] de maïs égrené
Légumes verts mélangés
30 ml [2 c. à t.] de sauce aux concombres allégée
1 pêche fraîche
250 ml [8 oz / 1 t. (250 ml)] de lait écrémé

Dîner

Poulet au miel sur lit de riz sauvage aux abricots (voir recette, page 203)
Asperges à l'étuvée (4 à 6 pointes)
1 galette paysanne
5 ml [1 c. à thé] de margarine molle à faible teneur en gras saturés
1/2 tomate tranchée avec coriandre fraîche
60 g [2 oz / 1/2 t. (125 ml)] de petits fruits mélangés
Tisane chaude

Collation

1 muffin
180 ml [6 oz / 3/4 t. (180 ml)] de jus d'orange

Portions – Pains et céréales à grains entiers 8; Fruits 4; Légumes 5; Produits
laitiers 2; Volaille, poissons et fruits de mer, viande 2; Légumineuses et noix 0;
gras 2; Sucres 0

Valeur nutritive – Kilojoules 8 564 (Cal 2 039); Matières grasses 40 g; Gras
saturés 16 g; Cholestérol 170 mg; Sodium 2 183 mg; Fibres alimentaires 31 g

---

Conseils pour la préparation des aliments

Dans la préparation du poulet au miel sur lit de riz sauvage aux
abricots, enlever la peau du poulet comme le demande la recette,
soustrait 209 kJ (50 Cal) et environ 5 g de gras.

Jour 2

Petit-déjeuner

45 g [1-1/2 oz / 1 t. (250 ml)] de céréales de son, garnies de 90 g [3 oz / 1/2 t. (125 ml)] de fruits séchés mélangés (pommes, abricots, raisins secs)

2 toasts de pain de blé entier

5 ml [1 c. à thé] de margarine molle à faible teneur en gras saturés

250 ml [8 oz / 1 t. (250 ml)] de lait écrémé

Lunch

Sandwich à la dinde méditerranéen: 30 g [1 oz / 1/4 t. (65 ml)] de dinde cuite, garnie de 30 g [1 oz] de mozzarella partiellement écrémé, 1/2 tomate tranchée et de 60 ml [2 c. à t.] de sauce pesto commerciale, entre 2 tranches de pain de blé entier

1 kiwi

Salade de légumes verts avec vinaigre et 5 ml [1 c. à thé] d'huile d'olive

180 ml [6 oz / 3/4 t.(180 ml)] de jus de légumes non salé

Dîner

Saumon poché avec salsa au melon (voir recette, page 205)

Pommes de terre rouges au four (3 petites)

1 petit pain de blé entier

15 ml [1 c. à t.] de miel

250 ml [8 oz / 1 t. (250 ml)] de lait écrémé

Collation

1 pomme

30 g [1 oz / 1/3 t. (80 ml)] de noix non salées

15 g 1/2 oz / 1/4 t. (65 ml)] de bretzels non salés

Portions – Pains et céréales à grains entiers 8; Fruits 4; Légumes 4; Produits laitiers 3; Volaille, poissons et fruits de mer, viande 1 1/2; Légumineuses et noix 1; Matières grasses 3; Sucres 1

Valeur nutritive – Kilojoules 8 442 (Cal 2 010); Matières grasses 62 g; Gras saturés 12 g; Cholestérol 112 mg; Sodium 1 725 mg; Fibres alimentaires 30 g

---

Conseils pour la préparation des aliments

Un kiwi fournit 74 mg de vitamine C, la totalité de l'apport quotidien de vitamine C recommandé.

Jour 3

Petit-déjeuner

185 g [6 oz / 1 t. (250 ml)] de fruits mélangés [melon, banane, pomme, petits fruits], garnis de 250 g [8oz / 1 t. (250 ml)] de yogourt allégé aromatisé à la vanille et 30 g [1 oz / 1/3 t. (80 ml)] d'amandes grillées
1 muffin au son
250 ml [8 oz / 1 t. (250 ml)] de lait écrémé
Tisane

Lunch

Pochette de poulet au cari: 1 tortilla moyenne garnie d'une mélange de 60 g [2 oz / 1/3 t. (80 ml)] de poulet cuit haché grossièrement, 1/2 pomme en morceaux, 30 ml [2 c. à t.] de mayonnaise sans gras et 2,5 ml 1/2 c. à thé] de poudre de cari
125 g [4 oz / 1 t. (125 ml)] de petites carottes crues
2 craquelins de seigle allégés en sodium
1 nectarine
250 ml [8 oz / 1 t. (250 ml)] de lait écrémé

Dîner

Fettucine aux tomates séchées et au basilic (voir recette, page 207)
Légumes verts mélangés
30 ml [2 c. à t.] de sauce César allégée en gras
1 petit pain de blé entier
5 ml [1 c. à thé] de margarine molle à faible teneur en gras saturés
Eau gazéifiée

Collation

Mélange fait avec 30 ml [2 c. à t.] de raisins secs, 45 g [1-1/2 oz / 3/4 t. (180 ml)] de mini-bretzels non salés et 30 g [1 oz / 1/3 t. (80 ml)] de noix non salées

Portions – Pains et céréales à grains entiers 7; Fruits 5; Légumes 4; Produits laitiers 3; Volaille, poissons et fruits de mer, viande 1; Légumineuses et noix 2; Matières grasses 2; Sucres 1

Valeur nutritive – Kilojoules 8 858 (Cal 2 109); Matières grasses 59 g; Gras saturés 8 g; Cholestérol 61 mg; Sodium 1 310 mg; Fibres alimentaires 30 g

---

Conseils pour la préparation des aliments

Manger plus de repas sans viande, comme le fettucine aux tomates séchées et au basilic de ce dîner, peut contribuer à abaisser tant la pression artérielle que le taux de cholestérol. Les gens qui ont une diète plutôt végétarienne ont tendance à présenter un plus faible risque d'hypertension et d'insuffisance cardiaque.

Jour 4

Petit-déjeuner
1 baguel de blé entier
30 ml [2 c. à t.] de beurre d'arachide
1 orange de grosseur moyenne
250 ml [8 oz / 1 t. (250 ml] de lait écrémé
Café décaféiné

Lunch
Salade d'épinards: feuilles d'épinard fraîches mélangées avec 1 poire
    tranchée, 90 g [3 oz / 1/2 t. (125 ml)] de sections d'orange mandarine,
    30 g [1 oz / 1/3 t. (80 ml)] d'arachides non salées et 30 ml [2 c. à t.]
    de vinaigrette de vin rouge sans gras
12 petits craquelins de blé allégés en sodium
250 ml [8 oz / 1 t. (250 ml)] de lait écrémé

Dîner
Gombo de crevettes et de patates douces (voir recette, page 208)
1 petit pain à la levure
5 ml [1 c. à thé] de margarine molle à faible teneur en gras saturés
125 g [4 oz / 1 t. (250 ml)] de petits fruits frais garnis de menthe émincée
Tisane glacée

Collation
250 g de yogourt sans gras
8 gaufrettes à la vanille

Portions – Pains et céréales à grains entiers 7; Fruits 5; Légumes 4; Produits
laitiers 3; Volaille, poissons et fruits de mer, viande 1; Légumineuses et noix 2;
Matières grasses 1; Sucres 0

Valeur nutritive – Kilojoules 8 387 (Cal 1 997); Matières grasses 55 g; Gras
saturés 7 g; Cholestérol 78 mg; Sodium 1 523 mg; Fibres alimentaires 32 g

---

Conseils pour la préparation des aliments
Ajouter une poire et des oranges mandarines à la salade d'épinards est
un moyen facile d'ajouter des fruits dans la diète. En comptant le jus
d'orange du petit-déjeuner, vous avez déjà trois portions de fruits avant
même l'heure du lunch. Ces fruits contiennent des quantités de potassium allant de modérées à élevées.

Jour 5

Petit-déjeuner

185 g [6 oz / 1 t. (250 ml)] de gruau à l'ancienne cuit, garni de 15 ml [1
   c. à t.] de cassonade
2 toasts de pain de blé entier
5 ml [1 c. à thé] de margarine molle à faible teneur en gras saturés
1 banane
250 ml [8 oz / 1 t. (250 ml)] de lait écrémé

Lunch

Salade de thon: 155 g [5 oz / 1/2 t. (125 ml)] de thon en conserve dans
   l'eau, égoutté et mélangé avec 30 ml [2 c. à t.] de mayonnaise sans
   gras, 15 raisins et 30 g [1 oz / 1/4 t. (65 ml)] de céleri coupé en dés,
   le tout servi sur des feuilles de romaine
12 petits craquelins de blé allégés en sodium
250 ml [8 oz / 1 t. (250 ml)] de lait écrémé

Dîner

Kébabs de bœuf et légumes tériyaki (voir recette, page 209)
180 g [6 oz / 1 t. (250 ml)] de riz à l'étuvée avec persil
1/8 ananas (ou 2 tranches)
Thé vert

Collation

250 g [8 oz / 1 t. (250 ml)] de yogourt allégé en gras
1 banane

Portions – Pains et céréales à grains entiers 8; Fruits 4; Légumes 4; Produits
laitiers 3; Volaille, poissons et fruits de mer, viande 2; Légumineuses et noix 0;
Matières grasses 2; Sucres 1

Valeur nutritive – Kilojoules 8 442 (Cal 2 010); Matières grasses 40 g; Gras
saturés 6 g; Cholestérol 190 mg; Sodium 1 950 mg; Fibres alimentaires 33 g

---

Conseils pour la préparation des aliments

Un moyen simple de prendre 3 portions de produits laitiers est d'inclure
un verre de lait de 250 ml (8 oz) à chaque repas. Comme c'est le cas
dans le menu d'aujourd'hui, il est également possible d'y substituer du
yogourt sans gras pour une quantité équivalente de calcium. Les
produits laitiers sont riches en calcium, un minéral qui peut aider à
contrôler la pression artérielle et à fortifier les os et les dents.

Jour 6

Petit-déjeuner
1 muffin anglais
30 ml [2 c. à t.] de fromage à la crème sans gras
125 g [4 oz / 1 t. (250 ml)] de fraises fraîches
250 ml [8 oz / 1 t. (250 ml)] de lait écrémé

Lunch
Poitrine de poulet au poivre citronné sur pain de seigle: 1/2 poitrine de
    poulet désossé et assaisonnée de poivre citronné, garnie de laitue
    émincée et de 15 ml [1 c. à t.] de mayonnaise allégée en gras, sur 2
    tranches de pain de seigle
125 g [4 oz / 1 t. (250 ml)] de légumes frais (petites carottes crues,
    bâtonnets de céleri, bouquets de brocoli)
2 craquelins de seigle allégés en sodium
180 ml [6 oz / 3/4 t. (180 ml)] de jus de canneberge

Dîner
Agneau au romarin avec haricots blancs (voir recette, page 211)
180 g [6 oz / 1 t. (250 ml)] de bouquets de brocoli à l'étuvée
1 tranche de pain de blé entier
5 ml [1 c. à thé] de margarine molle à faible teneur en gras saturés
1 poire fraîche coupée en tranches et aspergée de vinaigre balsamique
250 ml [8 oz / 1 t. (250 ml)] de lait écrémé

Collation
250 g [8 oz / 1 t. (250 ml)] de fromage cottage allégé en gras
2 abricots frais
4 biscuits graham

Portions – Pains et céréales à grains entiers 8; Fruits 8; Légumes 4; Produits
laitiers 3; Volaille, poissons et fruits de mer, viande 2; Légumineuses et noix 2;
Matières grasses 3; Sucres 0

Valeur nutritive – Kilojoules 7 988 (Cal 1 902); Matières grasses 35 g; Gras
saturés 4 g; Cholestérol 165 mg; Sodium 2 365 mg; Fibres alimentaires 33 g

Conseils pour la préparation des aliments
La diète DASH recommande 4 ou 5 portions de légumineuses, de noix
ou de grains entiers par semaine. Les haricots blancs du repas du soir
fournissent 2 portions de légumineuses, soit la moitié de l'objectif
hebdomadaire. Les haricots sont faibles en gras et ne contiennent pas
de cholestérol. Ils fournissent également de fortes quantités de fibres,
de protéines, de potassium, de calcium et de magnésium.

Jour 7

Petit-déjeuner

Omelette espagnole: 1 œuf entier plus 2 blancs d'œuf, 45 g [1-1/2 oz] de fromage cheddar allégé en gras, 30 g [1 oz / 1/4 t. (65 ml)] de poivrons vert et rouge hachés, 45 g [1-1/2 oz / 1/4 t. (65 ml)] de tomates hachées
1 muffin de farine de maïs de grosseur moyenne
10 ml [2 c. à thé] de mélange à tartiner aux fruits
180 ml [6 oz / 3/4 t. (180 ml)] de jus d'orange
Café décaféiné

Lunch

Pita aux légumes: 1 pain pita de blé entier farci de laitue émincée, de 1/2 tomate grossièrement hachée, de 1/4 concombre tranché, 45 g [1-1/2 oz / 1/3 t. [80 ml)] de fromage feta et de 30 ml [1 c. à t.] de vinaigrette à la française allégée
10 cerises
250 ml [8 oz / 1 t. (250 ml)] de yogourt glacé
Tisane

Dîner

Sauté de légumes crucifères à l'orientale sur lit de riz (voir recette, page 213)
1 tranche de pain croûté
5 ml [1 c. à thé] de margarine molle à faible teneur en gras saturés
1 pêche fraîche poudrée de cannelle
250 ml [8 oz / 1 t. (250 ml)] de lait écrémé

Collation

30 g [1 oz / 2 t. (500 ml)] de maïs soufflé sans gras ni sel
180 ml [6 oz / 3/4 t. (180 ml)] de jus de canneberge

Portions – Pains et céréales à grains entiers 8; Fruits 4; Légumes 5; Produits laitiers 3; Volaille, poissons et fruits de mer, viande 1; Légumineuses et noix 1; Matières grasses 3; Sucres 1

Valeur nutritive – Kilojoules 8 219 (Cal 1 957); Matières grasses 52 g; Gras saturés 19 g; Cholestérol 297 mg; Sodium 2 209 mg; Fibres alimentaires 25 g

---

Conseils pour la préparation des aliments

Le sauté de légumes crucifères sur lit de riz de ce soir comportent des assaisonnements orientaux. Le zeste d'orange, la poudre cinq épices, le gingembre, l'ail et le piment fort rouge écrasé éliminent le besoin de sauce soya salée.

Poulet au miel sur lit de riz sauvage aux abricots

Poulet au miel

Portions: 6 – Préparation: 10 minutes – Temps de cuisson: 40 minutes

	Unités de mesures		
	Métriques	Impériales	Canadiennes
Germe de blé	45 ml	3 c. à t.	45 ml / 3 c. à t.
Miel	30 ml	2 c. à t.	30 ml / 2 c. à t.
Moutarde de Dijon	15 ml	1 c. à t.	15 ml / 1 c. à t.
Nectar d'abricot en conserve ou de confiture d'abricot	15 ml	1 c. à t.	15 ml / 1 c. à t.
Sauce soya allégée en sodium	3,7 ml	3/4 c. à thé	3,7 ml / 3/4 c. à thé
Demi-poitrines de poulet désossé, sans peau, de 155 g (5 oz) chacune, tout gras visible enlevé	6	6	6

Préchauffer le four à 190°C (375°F).

Dans un petit bol, mélanger le germe de blé, le miel, la moutarde, le nectar ou la confiture d'abricot et la sauce soya, jusqu'à ce que le tout soit homogène.

Placer les morceaux de poulet, os en dessous, sur une plaque de cuisson. Étendre le mélange de germe de blé sur les poitrines de poulet en le répartissant également. Cuire environ 35 à 40 minutes, jusqu'à ce que la viande soit bien cuite et que le mélange de germe de blé forme une croûte.

Pour servir, diviser le riz dans les assiettes. Recouvrir d'une demi-poitrine de poulet.

Par portion – Kilojoules 1 721 (Calories 411); Protéines 36 g; Hydrates de carbone 63 mg; Matières grasses 2 g; Gras saturés <1 g; Cholestérol 63 mg; Sodium 163 mg; Fibres alimentaires 5 g

Riz sauvage aux abricots

Rendement: 1 kg (2 lb) – Portions: 6 –
Préparation: 20 minutes – Temps de cuisson: 1 heure

	Unités de mesures		
	Métriques	Impériales	Canadiennes
Champignons shiitake séchés, équeutés	30 g	1 oz	30 g / 1oz
Eau tiède	375 ml	12 oz / 1-1/2 t.	375 ml / 1-1/2 t.

Riz sauvage, rincé dans une passoire à mailles serrées sous l'eau courante froide	375 g	12 oz / 2 t.	500 ml / 2 t. / 12 oz
Abricots secs grossièrement hachés	90 g	3 oz / 1/2 t.	125 ml / 1/2 t.
Échalotes émincées	2	2	2

Dans un petit bol, faire tremper les champignons environ 20 minutes dans l'eau tiède, ou jusqu'à ce qu'ils soient un peu ramollis.

Hacher grossièrement les champignons. Passer le liquide de trempage des champignons dans une passoire à mailles serrées au-dessus d'une tasse à mesurer. Ajouter suffisamment d'eau pour obtenir 1,25 l (40 oz / 5 t.) de liquide. Mettre le liquide dans une casserole et l'amener à ébullition. Ajouter le riz sauvage, les champignons, les abricots et les échalotes. Ramener à ébullition et réduire le feu pour continuer la cuisson à basse température. Cuire environ 45 minutes à 1 heure, jusqu'à ce que le riz soit tendre et que le liquide ait été entièrement absorbé.

Par portion – Kilojoules 1 056 (Calories 252); Protéines 9 g; Hydrates de carbone 55 mg; Matières grasses <1 g; Gras saturés <1 g; Cholestérol 0 mg; Sodium 6 mg; Fibres alimentaires 5 g

Saumon poché avec salsa au melon

Saumon poché

Portions: 6 – Préparation: 40 minutes – Temps de cuisson: 15 minutes

	Unités de mesures		
	Métriques	**Impériales**	**Canadiennes**
Oignons verts finement tranchés, y compris les parties vertes	2	2	2
Menthe fraîche émincée	7,5 ml	1-1/2 c. à thé	7,5 ml / 1-1/2 c. à thé
Gingembre fraîchement haché	5 ml	1 c. à thé	5 ml / 1 c. à thé
Zeste de lime râpé	45 ml	3 c. à t.	45 ml / 3 c. à t.
Filet de saumon, sans peau, et coupé en 6 portions	750 g	1-1/2 lb	750 g / 1-1/2 lb

Préchauffer le four à 230°C (450°F).

Dans un petit bol, mélanger oignons, menthe, gingembre et zeste de lime.

Placer sur une surface de travail 6 carrés de feuilles de papier d'aluminium mesurant chacune 25 cm (10") de côté. Déposer un morceau de saumon au centre de chacune des feuilles et ajouter sur chaque morceau de poisson une quantité égale de mélange d'oignons. Ramener les bords de la feuille d'aluminium et sceller pour former des pochettes. Placer les emballages côte à côte, sans les empiler, sur une plaque de cuisson et cuire environ 12 à 15 minutes, jusqu'à ce que la chair du saumon soit bien cuite et opaque.

Salsa au melon

	Unités de mesures		
	Métriques	**Impériales**	**Canadiennes**
Melon miel d'environ 1,5 kg (3 lb), pelé et épépiné, coupé en cubes de 12 mm (1/2")	1	1	1
Piment jaune (capsicum et non poivron) épépiné, équeuté et coupé en carrés de 12 mm (1/2")	1	1	1
Jus de lime	60 ml	2 oz / 1/4 t.	60 ml / 1/4 t.
Oignon espagnol haché	1/2	1/2	1/2
Piment jalapeño émincé	1	1	1
Menthe fraîche émincée	30 ml	2 c. à t.	30 ml / 2 c. à t.

Pour réaliser la salsa, mélanger dans un bol le melon, les poivrons, le jus de lime, les oignons, le piment jalapiño et la menthe.

Pour servir, vider chaque pochette dans une assiette. Recouvrir chaque portion de salsa, en prenant soin de la diviser en parts égales.

Par portion – *Kilojoules 1 093 (Calories 261); Protéines 24 g; Hydrates de carbone 14 mg; Matières grasses 12 g; Gras saturés 2 g; Cholestérol 67 mg; Sodium 83 mg; Fibres alimentaires 2 g*

Fettucine aux tomates séchées et au basilic

Portions: 6 – Préparation: 15 minutes – Temps de cuisson: 15 minutes

	Unités de mesures		
	Métriques	**Impériales**	**Canadiennes**
Bouillon de légumes en conserve	80 ml	3 oz / 1/3 t.	80 ml / 1/3 t.
Eau	80 ml	3 oz / 1/3 t.	80 ml / 1/3 t.
Tomates séchées (non conservées dans l'huile), coupées en fines lanières	6	6	6
Huile d'olive à faible teneur en gras saturés	10 ml	2 c. à thé	10 ml / 2 c. à thé
Gousses d'ail écrasées au presse-ail	2	2	2
Piment rouge en flocons	1,2 ml	1/4 c. à thé	1,2 ml / 1/4 c. à thé
Fettucine ou linguine sec	375 g	12 oz	375 g / 12 oz
Feuilles de basilic frais, déchiquetées	20 g	1/2 t.	125 ml / 1/2 t.
Parmesan râpé	30 ml	2 c. à t.	30 ml / 2 c. à t.
Panure de croûte de pain de blé entier, séchée	15 ml	1 c. à t.	15 ml / 1 c. à t.

Sur feu moyen, dans une petite casserole, amener à ébullition le bouillon de légume, l'eau, les tomates séchées, l'huile d'olive, l'ail et les flocons de piment rouge. Retirer du feu, couvrir et garder chaud.

Amener de l'eau à ébullition dans un grand chaudron rempli aux trois quarts. Y mettre les pâtes et les cuire al dente, environ 10 minutes, ou selon les directives sur l'emballage. Conserver 60 ml (2 oz / 1/4 t.) de l'eau de cuisson et bien égoutter les pâtes.

Dans un plat de service réchauffé, mélanger pâtes, bouillon, basilic et eau de cuisson réservée. Bien mélanger pour couvrir également les pâtes.

Pour la panure, choisir un pain de blé entier avec croûte rugueuse et ferme. Pour une consistance plus fine, ne pas utiliser la croûte. Passer le pain au robot culinaire et travailler en marche-arrêt jusqu'à ce que le pain ait la consistance désirée. Pour une panure plus sèche et une consistance plus croquante, étendre la panure sur une plaque de cuisson et la mettre au four au réglage le plus bas, en tournant occasionnellement, pendant environ 1 heure, jusqu'à ce que le pain soit sec au toucher.

Pour servir, diviser les pâtes dans les assiettes. Recouvrir chacune d'elle d'une quantité égale de parmesan et de panure.

Par portion – Kilojoules 1 033 (Calories 247); Protéines 9 g; Hydrates de carbone 45 mg; Matières grasses 3 g; Gras saturés <1 g; Cholestérol 1 mg; Sodium 103 mg; Fibres alimentaires 2 g

Gombo aux crevettes et aux patates douces

Portions: 6 – Préparation: 25 minutes – Temps de cuisson: 30 minutes

	Unités de mesures		
	Métriques	Impériales	Canadiennes
Jus de tomate	180 ml	6 oz / 3/4 t.	180 ml / 3/4 t.
Oignon émincé	1	1	1
Piment vert (capsicum et non poivron) équeuté, épépiné et haché	1	1	1
Okras, équeutés et finement tranchés	250 g	1/2 lb	250 g / 1/2 lb
Branches de céleri, hachées	2	2	2
Vin blanc sec	160 ml	5 oz / 2/3 t.	160 ml / 2/3 t.
Vinaigre blanc distillé	60 ml	2 oz / 1/4 t.	60 ml / 1/4 t.
Patates douces, pelées et coupées en cubes de 2,5 cm (1")	500 g	1 lb	500 g / 1 lb
Tomates écrasées en conserve ou purée de tomate	875 g	28 oz / 3 t.	750 ml / 3 t.
Poudre de chili	22,5 ml	1-1/2 c. à t.	22,5 ml / 1-1/2 c. à t.
Poivre de Cayenne	0,6 ml	1/8 c. à thé	0,6 ml / 1/8 c. à thé
Crevettes roses fraîches ou décongelées, décortiquées et nettoyées	24	24	24
Riz blanc cuit et chaud	1 kg	32 oz / 2 lb	1 kg / 2 lb

Dans un grand poêlon et sur feu moyen, chauffer le jus de tomate. Ajouter oignon, piment, okras et céleri. Faire sauter pendant 5 à 7 minutes jusqu'à ce que les légumes soient légèrement ramollis.

Ajouter le vin et le vinaigre, et amener à ébullition. Ajouter en brassant patates, tomates ou purée, poudre chili et poivre de Cayenne et brasser jusqu'à ce que l'ébullition reprenne. Réduire le feu, couvrir et laisser mijoter sur feu doux de 15 à 18 minutes, en remuant occasionnellement jusqu'à ce que les patates douces soient tendres.

Ajouter les crevettes et remuer pour mélanger. Couvrir et laisser cuire environ 5 minutes, jusqu'à ce que les crevettes deviennent roses.

Pour servir, diviser le riz également dans des bols. Garnissez-le avec le gombo en répartissant les portions également.

Par portion – Kilojoules 1 516 (Calories 362); Protéines 14 g; Hydrates de carbone 72 mg; Matières grasses 2 g; Gras saturés <1 g; Cholestérol 49 mg; Sodium 397 mg; Fibres alimentaires 6 g

Kébabs de bœuf et légumes tériyaki

Portions: 6 – **Préparation: 25 minutes** – **Macération: 30 minutes** –
Temps de cuisson: 10 minutes

	Unités de mesures		
	Métriques	Impériales	Canadiennes
Marinade			
Sauce soya allégée en sodium	125 ml	4 oz / 1/2 t.	125 ml / 1/2 t.
Gousses d'ail écrasées au presse-ail	4	4	4
Gingembre fraîchement râpé	10 ml	2 c. à thé	10 ml / 2 c. à thé
Jus de lime	10 ml	2 c. à thé	10 ml / 2 c. à thé
Miel	10 ml	2 c. à thé	10 ml / 2 c. à thé
Piment rouge en flocons	1,2 ml	1/4 c. à thé	1,2 ml / 1/4 c. à thé
Huile de sésame	1,2 ml	1/4 c. à thé	1,2 ml / 1/4 c. à thé
Filet de bœuf, paré, tout gras visible enlevé, coupé en cubes de 2,5 cm (1")	500 g	1 lb	500 g / 1 lb
Aubergines japonaises, coupées en rondelles de 12 mm (1/2")	3	3	3
Champignons de Paris, blancs	625 g	1-1/4 lb	625 g / 1-1/4 lb
Courgettes zucchini, coupées en rondelles de 12 mm (1/2")	2	2	2
Courges calebasses jaunes, coupées en rondelles de 12 mm (1/2")	2	2	2
Piments rouges (capsicum, non poivrons), équeutés, épépinés et coupés en carrés de 2 cm (3/4")	2	2	2
Oignons espagnols rouges, coupés en pointes de 12 mm (1/2")	2	2	2

Pour la marinade, mélanger dans un grand bol sauce soya, ail, gingembre, jus de lime, miel, flocons de piment et huile de sésame. Verser 45 ml (3 c. à t.) de marinade dans un bol de grandeur moyenne. Y mettre le bœuf et remuer pour bien enrober les morceaux. Dans le grand bol, ajouter les aubergines, les champignons, la courge zucchini, les calebasses, les piments et l'oignon, en remuant pour bien enrober les légumes.

Couvrir et laisser macérer tant la viande que les légumes à la température de la pièce pendant 30 minutes, en remuant une ou deux fois.

Entre-temps, préchauffer le grilloir. Tapisser le plateau de papier d'aluminium et vaporiser de l'huile d'olive à faible teneur en gras saturés sous pression. Faire tremper 18 longues brochettes en bois dans suffisamment d'eau pour les couvrir.

Avec une cuillère trouée, retirer la viande et les légumes de la marinade et éponger légèrement avec une serviette de papier. Garder un peu de la marinade des légumes et jeter tout le reste.

Pour six kébabs de bœuf, diviser les cubes de viandes en six portions égales. Enfiler les morceaux sur 6 brochettes en alternant avec le tiers des champignons, zucchinis, calebasses, piments et oignons.

Pour préparer douze brochettes de légumes, enfiler sur 12 brochettes les morceaux d'aubergine en alternant avec le reste des champignons, zucchinis, calebasses, piments et oignons.

En les faisant cuire plusieurs à la fois si nécessaire, placer kébabs et brochettes de légumes à 5 cm (2") les uns des autres sur le plateau du grilloir. Placer le plateau à 10 cm (4") de la source de chaleur. Faire griller environ 8 à 10 minutes en tournant une ou deux fois et en retouchant avec la marinade réservée, jusqu'à ce que les légumes soient tendres et que le bœuf ait pris une belle couleur dorée.

Pour servir, mettre dans chaque assiette un kébab de bœuf et 2 brochettes de légumes.

Par brochette de légumes – Kilojoules 147 (Calories 35); Protéines 2 g; Hydrates de carbone 7 mg; Matières grasses <1 g; Gras saturés 0 g; Cholestérol 0 mg; Sodium 181 mg; Fibres alimentaires 1 g

Par kébab de boeuf – Kilojoules 670 (Calories 160); Protéines 18 g; Hydrates de carbone 8 mg; Matières grasses 6 g; Gras saturés 2 g; Cholestérol 48 mg; Sodium 393 mg; Fibres alimentaires 1 g

Agneau au romarin avec haricots blancs

Portions: 6 – Préparation: 10 minutes – Macération: 30 minutes – Temps de cuisson: 30 minutes

	Unités de mesures		
	Métriques	**Impériales**	**Canadiennes**
Agneau au romarin			
Romarin frais finement émincé ou romarin séché	7,5 ml (ou 2,5 ml si séché)	1-1/2 c. à thé (ou 1/2 c. à thé si séché)	7,5 ml / 1-1/2 .c à thé (ou 2,5 ml / 1/2 c. à thé si séché)
Gousses d'ail écrasées au presse-ail	2	2	2
Huile d'olive à faible teneur en gras saturés	2,5 ml	1/2 c. à thé	2,5 ml / 1/2 c. à thé
Côtelettes d'agneau maigre de 155 g (5 oz) chacune, parées et tout gras visible enlevé	6	6	6
Haricots			
Fèves blanches cuites ou fèves blanches en conserve, rincées et égouttées	1 kg	2 lb / 4-1/2 t.	1 kg / 2 lb
Tomates fraîches coupées en dés ou tomates en conserve coupées en dés et égouttées	280 g	9 oz / 1-1/2 t.	280 g / 9 oz ou 750 ml / 1-1/2 t.
Petit oignon, finement haché	1	1	1
Persil italien à feuilles plates, frais haché	20 g	3/4 oz / 1/2 t.	125 ml / 1/2 t.
Romarin frais finement émincé ou romarin séché	7,5 ml (ou 2,5 ml si séché)	1-1/2 c. à thé (ou 1/2 c. à à thé	7,5 ml / 1-1/2 c. thé si séché) (ou 2,5 ml / 1/2 c à thé si séché)
Gousses d'ail écrasées au presse-ail	3	3	3
Poivre moulu	7,5 ml	3/4 c. à thé	7,5 ml / 3/4 c. à thé
Petites tiges de romarin	6	6	6

Dans un petit bol, mélanger romarin, ail et huile d'olive. Frotter les deux côtés des côtelettes d'agneau avec le mélange. Couvrir et laisser mariner 30 minutes à la température de la pièce.

Pour les haricots, préchauffer le four à 220°C (425°F). Préparer un plat creux peu profond de 2 l (2 chopines) en vaporisant de l'huile d'olive à faible teneur en gras saturés sous pression.

Dans un grand bol, mélanger haricots, tomates, oignon, persil, romarin, ail et poivre.

Placer ce mélange dans le plat enduit d'huile d'olive. Couvrir et cuire jusqu'à ce que le mélange soit bien chaud, environ 15 minutes.

Entre-temps, préchauffer le grilloir. Placer l'agneau sur le plateau du grilloir à 10 cm (4") de la source de chaleur. Griller environ 6 ou 7 minutes, en tournant les morceaux une fois, jusqu'à ce que les deux côtés des côtelettes soient légèrement brunis.

Retirer le plat de haricots et disposer les côtelettes sur les légumineuses en pressant légèrement. Remettre au four, non couvert, et cuire environ 10 minutes, jusqu'à ce que le dessus des haricots soit légèrement bruni et que les côtelettes soient bien cuites.

Pour servir, répartir également les haricots et les côtelettes dans les assiettes. Garnir avec les brindilles de romarin.

Par portion – Kilojoules 1 482 (Calories 354); Protéines 32 g; Hydrates de carbone 43 mg; Matières grasses 7 g; Gras saturés 2 g; Cholestérol 51 mg; Sodium 61 mg; Fibres alimentaires 7 g

Sauté de légumes crucifères à l'orientale sur lit de riz

Portions: 6 – Préparation: 20 minutes – Temps de cuisson: 20 minutes

	Unités de mesures		
	Métriques	Impériales	Canadiennes
Eau	875 ml	28 oz / 3-1/2 t.	875 ml / 3-1/2 t.
Bouillon de légumes en conserve	250 ml	8 oz / 1 t.	250 ml / 1 t.
Zeste d'orange râpé	30 ml	2 c. à t.	30 ml / 2 c. à t.
Poudre cinq épices	7,5 ml	1-1/2 c. à thé	7,5 ml / 1-1/2 c. à thé
Riz basmati	655 g	21 oz / 3 t.	750 ml / 3 t. / 21 oz
Huile de canola	15 ml	1 c. à t.	15 ml / 1 c. à t.
Gingembre frais râpé	15 ml	1 c. à t.	15 ml / 1 c. à t.
Gousses d'ail émincées	3	3	3
Oignons verts finement hachés, y compris les parties vertes	4	4	4
Piment rouge en flocons	1,2 ml	1/4 c. à thé	1,2 ml / 1/4 c. à thé
Petits bouquets de brocoli	500 g	1 lb	500 g / 1 lb
Petits bouquets de chou-fleur	500 g	1 lb	500 g / 1 lb
Tofu ferme, égoutté, épongé et coupé en cubes de 12 mm (1/2")	250 g	8 oz	250 g / 8 oz
Pleurotes (champignons en forme d'oreille), coupés en deux	250 g	8 oz	250 g / 8 oz
Graines de sésame	15 ml	1 c. à t.	15 ml / 1 c. à t.
Sauce soya allégée en sodium	15 ml	1 c. à t.	15 ml / 1 c. à t.

Dans un grand chaudron à fond épais, amener à ébullition l'eau, le bouillon, le zeste d'orange et la poudre cinq épices. Y verser le riz et remuer. Lorsque l'ébullition est revenue, couvrir et baisser le feu. Cuire à feu doux environ 18 minutes, jusqu'à ce que le riz soit tendre et le liquide entièrement absorbé.

Retirer du feu et laisser reposer sans retirer le couvercle pendant 5 minutes, ensuite faire gonfler le riz avec une fourchette.

Entre-temps, faire chauffer la moitié de l'huile dans un wok ou un grand poêlon antiadhésif. Ajouter la moitié du gingembre, de l'ail, des oignons verts et du piment, et frire rapidement environ 30 secondes, jusqu'à ce qu'un arôme se dégage. Ajouter la moitié du brocoli, du chou-fleur et frire rapidement environ 2 minutes, jusqu'à ce que le brocoli prenne une belle couleur vert brillant.

Ajouter la moitié du tofu, des champignons, des graines de sésame et de la sauce soya, et frire rapidement 2 ou 3 minutes, jusqu'à ce que le tofu soit chaud et que les légumes soient tendres mais encore croustillants. Verser le tout dans un grand bol et garder chaud. Recommencer avec l'autre moitié des ingrédients.

Pour servir, diviser le riz également dans les assiettes. Garnir chaque assiette d'une quantité égale de tofu et de légumes.

Par portion – Kilojoules 2 007 (Calories 480); Protéines 22 g; Hydrates de carbone 91 mg; Matières grasses 9 g; Gras saturés <1 g; Cholestérol 0 mg; Sodium 352 mg; Fibres alimentaires 6 g

Les recettes des pages 203 à 213 sont reproduites avec la permission de The Mayo Clinic / Williams-Sonoma Cookbook. Weldon Owen Inc., 1998.

Ressources

Il est possible d'obtenir plus d'information sur l'hypertension et les maladies associées en s'adressant aux organismes suivants. Certains offrent gratuitement au grand public des publications et des vidéos, alors que d'autres les vendent.

CANADA :
Fondation canadienne du rein
5165 ouest, boul. René-Lévesque
Montréal, Qc   (514) 369-4806

Fondation des maladies du cœur du Québec
465 ouest, boul. René-Lévesque
Montréal, Qc   (514) 871-1551

Association du diabète Québec et Canada
5635 est, rue Sherbrooke
Montréal, Qc   (514) 259-3422

Fédération des C.L.S.C. du Québec
1801 ouest, boul. de Maisonneuve,
Montréal, Qc   (514) 931-1448

• **Société canadienne d'hypertension artérielle**

• **Société québécoise d'hypertension artérielle**
http://www.hypertension.qc.ca
(Leurs services sont fournis aux professionnels de la santé seulement.)

FRANCE :
• **Fédération française de cardiologie. FFC**
50, rue du Rocher, 75008 Paris.   (1) 44 90 83 83
http://www.fedecardio.com

Index